韓国
嫁入り
日記

松田水菜子

ポエムピース

まさか私が韓国に嫁にくるとは！

韓国との運命の出合い。それは、一九九七年、私が高校生のとき、修学旅行で韓国を訪れたことでした。生まれて初めて見る外国。初めて見るハングル。初めて会う韓国人。初めて食べる韓国料理。すべてが新鮮で、大きな感動を覚えました。日本に帰った後も韓国で過ごした日々が忘れられず、毎晩夢にも出てくるほど、寝ても覚めても四六時中、韓国のことを考えていたクレイジーな日々。勉強しているときも、ご飯を食べているときも、友達と会っているときも、お風呂に入っているときも。私は完全に韓国に恋をしてしまったのです。

「またいつか必ず韓国に行きたい！」、そんな思いとは裏腹に、刻々と時間だけが過ぎていきました。そして、当時、必死に英語の勉強をしていた私は、インターンシップとしてアメリカのニューヨークに行く機会に恵まれました。最初の二年はホテルで働き、契約が切れたら日本に帰るという約束で行ったのですが、アメリカでの生活もなかなか楽しく、まだアメリカにいたい！　という気持ちから現地で就職活動を始めました。そして、めでたくブルーデータという語学学校に就職が決まったのです。仕事帰りは必ず誰かに会って、まるで学生のように遊びほうけていた毎日。そんなニューヨークでの楽しい時間も、あっという間に過ぎ去り、ここでの生活も七年になろうとしていました。

今、考えてみると、やっぱり韓国に縁があったのか、ブルーデータのオフィスはニューヨークのど真ん中にあるコリアンタウンにあったのです。ニューヨークにいるのに、オフィスを出れば、そこは韓国一色。韓国のレストラン、韓国人、韓国語……。ここはいったいどこなんやろう？ と、錯覚を起こしてしまいそうなくらいでした。さすが、世界に誇る大都会のコリアンタウンは、本物の韓国。

こんな環境で生活していた私は、ある日突然、韓国語を勉強してみようかな？ という気になったのです。元々、韓国語には興味があったし、韓国語と日本語はとても似ていて、日本人にとっては、とても勉強しやすい言語だと聞いていました。思い立ったらすぐ行動！ 私は早速、韓国語勉強会に参加することにしました。今の時代、三カ国語くらいはできないと！ 私の心に火が点き、早速、韓国語を勉強し始めました。自分で言うのもなんですが、私は本気でやりたいと思うことを見つけたら、ひたすら、とことん頑張れるタイプ。そんな熱心に勉強する私の姿を見て、韓国語の先生は快く五時間も六時間も必死になって教えてくださり、お互い時間が経つのも忘れてしまうほどでした。

そんなある日、先生に「ミナは語学に才能があると思うから、本気で韓国語を学びたいなら、韓国に留学してみたら？」と言われたのです。よく言えば純粋、悪く言えば単純な私は、先生の言葉を鵜呑みにし、「へぇ〜私って語学に才能あるんや」と、すっかりその気にさせられてしまい、なんの迷いもなく韓国留学を決意。

　そんなこんなで、ブルーデータの社長に「韓国に留学したいので、辞めさせてください」と、ありのままに伝えると、「おまえは気が狂ったのか！」と本気で怒られ、二週間くらい口を利いてもらえなかったことを今でも鮮明に覚えています。ありがたいことに、社長にはすごくかわいがってもらっていた私。「君がいなくなったら、困る！」って、はっきり言えばいいのにね〜（笑）。まわりの社員たちも「韓国人の彼氏でもできたんじゃない？」と騒いでいましたが、そんな噂も社長に無視されることも全く気にならないほど、私の心は完全に韓国に奪われてしまっていたのです。思い立ったらすぐ行動！　これが私のモットーです。人生は思うほど長くない。さっさと荷物をまとめて、一旦、日本に帰国。少女のように胸をときめかせながら、着々と韓国に行く準備を始めていました。

　でも……韓国に行ったら、いったい私に何ができるんやろう？　韓国ではアルバイトをしても、せいぜい時給五〇〇〇ウォン（五〇〇円程度）で、到底アルバイトだけでは生活ができないという悲しい事実を知ってしまったのです。私が唯一できることは、「韓国人に日本語を教えること」。そうだ！　日本語教師を目指そう！　というわけで、早速、大阪にあるアークアカデミーという日本語養成講座に通うことにしました。受験勉強以来、こんなに真剣に勉強したことないぞ！　というくらい久々に机に何時間も座って真剣に勉強した記憶が残っています。

その甲斐あって、無事、日本語教師の免許を取得。いよいよ待ちに待った韓国へ出発です。

そして、ついに日本語教師デビュー。アークアカデミーでは、外国人に教えるための日本語文法を嫌というほど学んできたというのに、私が担当することになったのは「日本語会話」。韓国では、文法は韓国人の先生に、会話は日本人の先生に学ぶことが多いようです。なーんや。せっかく猛勉強したのに、会話やったら私じゃなくても、日本人やったら誰でもできるやん！と、ちょっとガッカリしたりもしましたが、やってみたら、会話の授業もなかなかおもしろい！　一限目は、朝の六時から始まり、なかなかのハードスケジュール。それにしても、朝早くから外国語の勉強のために学院に通うなんて、私には考えられない……。

それはさておき、私はこの学院で、のちに主人になる彼と運命の出会いをしたのです。先生にも生徒にも、誰にも秘密で付き合うのはハラハラドキドキ。そして、秘密の交際がまた二人を燃え上がらせるのです。しばらく忘れていた学生のような恋。あぁ、楽しい。残念ながら彼は、「私の彼よ」と、皆に自慢したくなるようなイケメン君ではなかったのですが、私にとっては、キラキラ輝く王子様。優しい口調。優しい眼差し。「絶対、この人と結婚したい」！

そして、二人の中でトントン拍子に話は進み、両親の反対を押し切り、結婚。

夢にまで見た憧れの国際結婚。できれば、青い目のハンサムなアメリカ人と結婚したかったのですが、人生は自分の思うようにもいかず……。でも、まさか運命の人が韓国人だとは。相手の国の言葉も文化も、何もわからないまま結婚に踏み込んでしまった私。「愛さえあれば、なんでも乗り越えられる」。本当にそうでしょうか? 日本で生まれ育ち、長年自由の国、アメリカで過ごした私が、韓国に嫁にきて韓国の家庭に入ることになり……。「彼が大好き!」と結婚したのはいいけれど、あまりの文化の違いに動揺を隠しきれない日々。

思い起こしてみると、ここからが本当の韓国との出合いでした。「近くて遠い国」といわれる韓国。遥か遠いアメリカにいたときよりもカルチャーショックを感じるのはなぜでしょうか? 平凡な生活の中でも毎日ハプニングが起こる韓国。ここで生活してると、何が正しいことなのか、何が常識なのかわからなくなってしまうときがあります。お隣の国なのに、どうしてここまで違うんだろう? そんな気持ちを抑えきれず、思わず筆を執りました。

韓国人と国際結婚を考えていらっしゃる方、語学留学を考えていらっしゃる方、また、いい意味でも悪い意味でも、少しでも韓国に興味を持たれているすべての方に、この本を読んでいただき、「外国では、こういうこともあるんやな~」「韓国の人は、こんなふうに考えるんやな~」と、いろんな発見をしてもらい、ほんのちょっぴりでも海外生活満喫気分を味わってもらえたら、うれしいです。「これは、すごい!」とか「これは、あり得ん!」とか、感動したり、怒ったり、皆さんと感情を共有できたら、私としては最高にハッピーです。

韓国の方や韓国に長年住んでいらっしゃる方、韓国についてよくご存じの方は、この本を読み進めながら「これは、違う!」と反発したくなる部分も出てくるかもしれませんが、単にこれは、私の体験談に過ぎません。韓国の慶尚道という地域でいろいろな体験をし、感じてきたことを包み隠さず、ありのままに綴った日記のようなものです。ここに書かれてあるのは、あくまで私の目線で見た韓国ですので、どうか広い心で読み進めていただけたらと思います。

慶尚道は韓国の南の地域で、日本の関西をイメージしていただけたらいいと思います。みんな声も大きいし、なんでもはっきり言うし……。それに対してソウルの人は、優しくソフトなイメージがあります。日本でも、東京と大阪では人も文化も随分違うように、それは、韓国でも同じです。

最後に、本文では時々、関西弁が出てきます。関西人の私は、やっぱり関西弁で書かないと、どうしても自分の本気を発揮できない気がするので、あえてそうさせていただきました。関西を愛してやまない心、どうかご理解ください。

それでは、笑いと驚きの国、本当の韓国の旅へとご案内いたします。

이제 출발!（さぁ、出発！）

松田水菜子

韓国嫁入り日記　目次

第3章
韓国のナナフシギ

第4章
大韓民国は、オンマ（お母さん）を中心に回っている

第5章 韓国の伝統文化と食を知ろう

第1章

韓国との運命の出合い

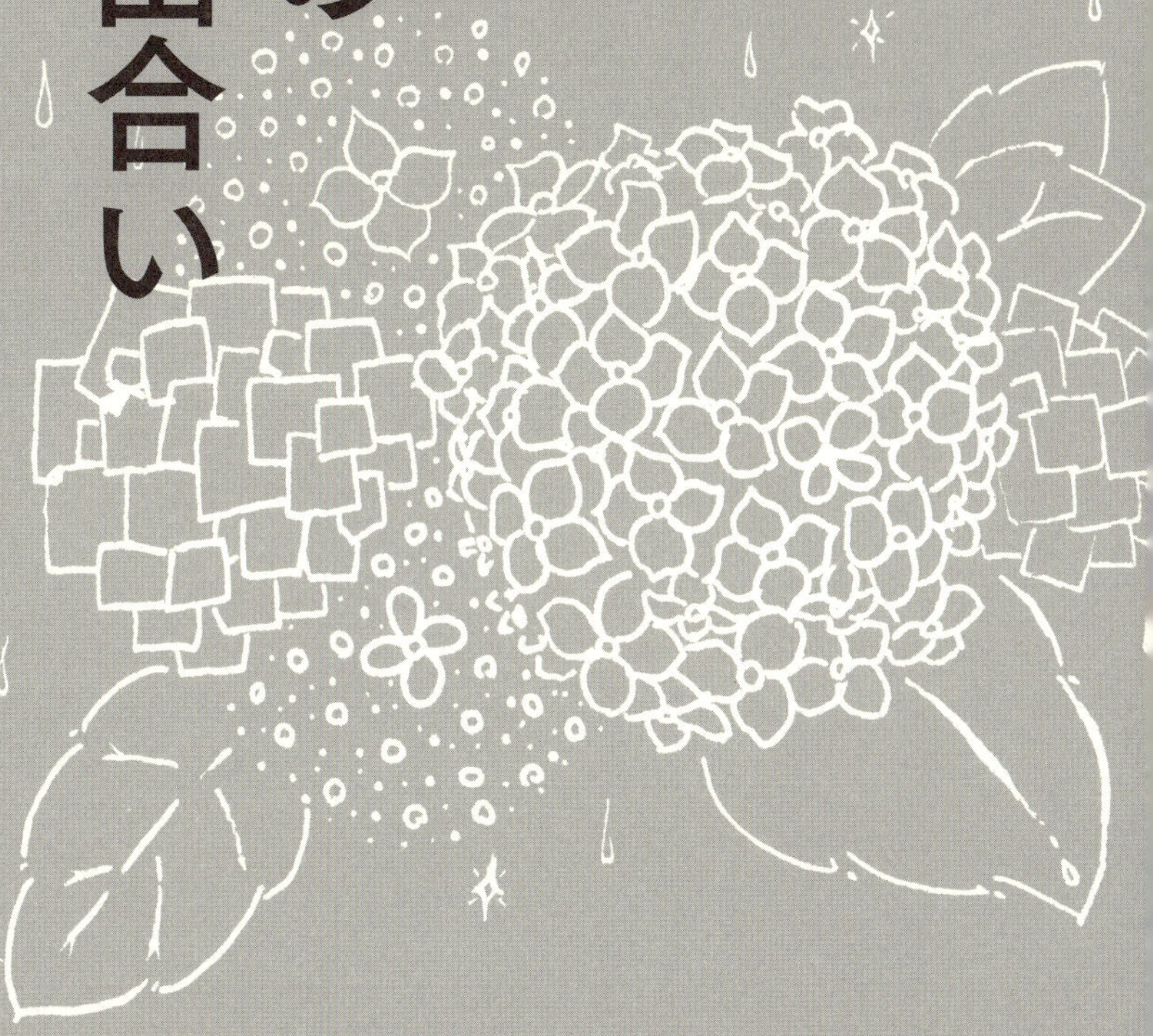

日本語教師デビュー

大好きだったアメリカに別れを告げ、日本に帰国した私。そして、韓国で日本語の先生になるという新しい目標を掲げ、通い始めたアークアカデミー日本語養成講座。初めて日本語を習う外国人に教えるための日本語文法。なかなか新鮮でおもしろい。久しぶりの学生気分に心ときめかせる毎日でした。しばらく忘れかけていた恋なんかもして……。今、考えてもウルウル来る独身時代最後の恋。私にとって忘れられない半年になりました。

そして、無事、日本語教師の免許を習得。やっと韓国留学の夢に一歩近づけた！　私は、ワクワクしながら、一人、地味に就職活動を始めていました。インターネットでいろんな韓国の日本語学院を探していたのですが、給料が安すぎ！　あり得ん！　いちばんいいところで一カ月、一五〇万ウォン（日本円で約一五万円程度）学院の名前は忘れてしまいましたが、たしかソウルにある学院だったと思います。ほかの学院は、ほぼ一〇〇万ウォンくらい。これで、どうやって生活したらええんや？　韓国って、物価がめっちゃ安いんかな？　など、いろいろ考えては憂鬱になっていましたが、私のいちばんの目的は韓国語を勉強すること！　お金のことは、しぶしぶあきらめることにしたのです。お金がすべてじゃない！　とはいっても、場所だけは、やっぱりソウルがいい！　というこだわりはあり……。

　でも、とにかく早く内定が欲しかった私は、ソウルだけでなく、ほかの地域の学院にもちょこちょこ履歴書を送っていました。毎日「ソウルの学院から返事が来ますように」と、すがる気持ちで祈りながら……。心底そう願っていたにもかかわらず、即、返事が来たのは、蔚山（ウルサン）という地域にある「インテコ日本語学院」というところからでした。ん？　蔚山って、いったいどこ？　聞いたことのない地名でした。引き受けようか、それともお断りしようか……。運命のわかれ道。ＹＥＳ？　ＯＲ　ＮＯ？　「ソウルに行きたい」、でも、もし、ほかの学院に全部断られたら？　そんな不安が一気に押し寄せてきます。ポジティブに考えれば、これも何かの縁かもしれない！　そう考え直した私は、勇気を持って引き受けることにしたのです。そして、いよいよ韓国へ出発。高校の修学旅行以来、韓国には一度も行けなかったので、それは、もう言葉では表せないくらいのうれしさと、そして、少しの不安と……。

　そんなことを考えているうちに韓国到着。飛行機に乗れば一時間で着いてしまうなんて、ホント、オトナリの国。釜山の金海《キメ》空港でインテコの先生と待ち合わせをしていたのですが……周りを見渡しても、それらしき人は……いない……いない。約束の時間を十分過ぎても来ない。二十分過ぎても来ない。もしかして、私は全然違う場所に来てしまったのだろうか？　連絡のとりようもないし、もし会えなかったら、今夜は一人、空港でお泊まり？　などと、私の唯一の趣味ともいえる大得意な一人妄想をしていると、遠くから「ミナコさん？」と呼ぶ声が！やっと、会えた！　あのときの安心感といったら……もう。迷子になった子どもが、やっとママを見つけたときの気持ちと似ているような。ふとそのとき、頭をよぎったのです。「これが噂のコリアンタイムなのか……」。

それはさておき、迎えにきてくれたその先生は、顔だちも服装も本当に日本人みたいで、日本語もすごくお上手。自然と親近感が湧きました。空港から一時間くらい車を走らせると、そこは私が待ちに待った蔚山。工場地域で、工場以外は何もないと聞いていたので、工場と工場の間をすり抜けて学院に行くようなイメージを描いていたのですが、私のイメージとは全く違い、そこは高層ビルが立ち並ぶ大都会（蔚山は韓国で七番目に大きい都市。大都会かどうかは正直わかりませんが、少なくとも、奈良出身の田舎者の私の目には大都会に映ったということです）。

学院に着くと、院長先生が笑顔で迎えてくださり、ほかの先生たちもすごく明るい雰囲気で、私は一瞬にしてこの学院に惚れ込んでしまいました。やっぱりここに来てよかった。いよいよ授業の始まりです。生徒たちは、みんな驚くほど日本語が上手。さすが会話クラスの生徒さんたちです。日本人として、日本語に興味を持ってくれることは、とてもうれしいこと。でも、何がきっかけで？　とても気になるところです。聞いてみると、「日本に留学したいから」というもっともらしい返事をする生徒もいましたが、中には「嵐が大好きで、嵐が話してる言葉を理解したい!」なんて言う女子もいっぱいいて……。その気持ちはわかるけど、手の届かない芸能人のために、学院にまで通って毎日日本語を勉強するというのは、スゴイ情熱! 日本語ペラペラになっても、松潤とは話せないよ~なんて言っちゃダメですね。そして、男子はアニメファン。

なんといっても、恥ずかしがり屋の日本人とは違い、韓国人はみんな積極的。隙さえあれば、話したがります。「週末、何をしましたか?」なんて聞こうものなら、話が終わらない。そこまで詳しく話してくれんでもええんやけどなぁ~。なんせ、一人一人の話がながーいんです。でも、「ここまで!」と話を途中で止めるわけにもいかず、本人は全く周りの空気を読んでくれず……。なかなかツライものがありました。でも、外国語を勉強するときは、これくらいでないと! という気もします。そんなこんなで、私はこの学院「インテコ」で日本語の先生デビューを果たしたのです。

銭湯拉致事件

ついに韓国生活の始まり。院長先生が私のアパートまで案内してくれました。新しい小さなアパートで、中に入ると、壁には色とりどりのあじさいの絵が描かれていました。あまりの美しさに見とれてしまう私。昔から私がいちばん好きな花、あじさい。蔚山、インテコ、そして、このアパートに運命を感じずにはいられませんでした。

壁にお花の絵が描いてあるのは韓国の特徴。でも、「あじさい」っていうのは珍しい気がしたのです。私の中であじさいは美しいけれど、なんとなく目立たない地味な花という印象。やっぱり、何かの縁に導かれてここに来たんやな……。何かいいことが起こる予感。今日は、ゆっくり眠れそう……。

次の朝。私はまだ夢の中にいるというのに、「ドンドン！　ドンドン！」という大きな音で起こされました。なんの音？　と、ボーッとしながら聞いていると、あれ？　誰かが私の家の玄関の扉を叩いてる？　こんな朝早くから誰やろう？　と思い、恐る恐るドアを開けてみると、そこにはスラッとしたスタイルのいい大家さんが立っていました。「一緒に銭湯に行こう」と言うのです。当時、私は全く韓国語ができなかったので、あくまでも私の勝手な解釈に過ぎないのですが、シャンプーとリンスを持っていたので、多分、そういうことかな〜と。

そんなことを寝ぼけまなこで考えていると、大家さんはものすごい力でギュッと私の手を握り「行くよ！」と、あっという間に銭湯まで連れていかれてしまいました。初対面の人と銭湯？　大家さんは、さっさと服を脱いで、私の手を握りしめ、浴室の扉を開けた瞬間、メガホン使ってます？　くらいのドでかい声で、中にいる人たちに「インテコの新しい先生よー」と言い放ったのです。その瞬間、みんなの視線が一斉に、ボケーッと扉の前に立っている全裸の私に。「アンニョンハセヨ」、それしか言えない……。しかも、裸で「はじめまして」のごあいさつ？　人様に披露できるようなナイスボディーではないのですが……。この状況、なに？　とにかく逃げたい。大家さんは、この銭湯の常連さんらしく、どうやら、みんなお友達のようです。韓国では、毎日同じ時間に銭湯に行くおばさまたちもいらっしゃるようで、銭湯仲間みたいなものなんでしょうね。それにしても、男性陣は朝早くから仕事を頑張っているというのに、女性陣はなんて優雅な生活を送っているのでしょう。

その後も大家さんは、よく私を家に招待してくれて、おいしい手料理を振る舞ってくださったのですが、問題は意思疎通ができない……。私は韓国語がチンプンカンプンなことをわかっていらっしゃるはずなのに、そんなことはお構いなしで、いつもマシンガントーク。私は「ミナコ」と呼ばれるその言葉しか聞き取れません。大家さんは、そんな私といて楽しいのか……。素朴な疑問です。

当時は、スーパーに一人で買い物にいくのもひと苦労で、院長先生がそんな私を心配して、毎日電話をかけてくださいました。「え？　今、一人でスーパーにいるの？　大丈夫なの？」。電話の向こうから聞こえる日本語。なんやろう？　この安らぎは……。私の唯一の保護者は院長先生だったのです。

おばちゃんパワー

インテコのすぐ隣には「のり巻き天国」というのり巻き（韓国語では、キンパといいます）の専門店がありました。私は韓国のり巻きが大好きなので、いつも、のり巻きを買いにいっているうちに、いつの間にか一人のお店のおばさんと仲良しになりました。私がお店に入ると、「こっちに来て、一緒にコーヒー飲もう！」と、いつもお決まりの韓国のあま〜いミックスコーヒーを出してくれるのです。そのうち休憩中のおばさんたちも集まってきて、みんなでブレイクタイム。コーヒーの後は、いろんな種類の季節の果物が出てきます。私は、こういう雰囲気大好きだからうれしいのですが、またまた問題となるのは言葉。いつだって、つきまとってくる言葉のカベ。おばさんたちが何を話しているのかさっぱりわかりません。そして、みんながこっちを向いて笑っているときなんかは妙に気になります。爆笑なんかされると、ますます気になるじゃないか〜。私の何がそんなにオカシイんだ？

そんなある日、おばさんが一枚の紙を差し出して、私に一生懸命、何か説明を始めました。どうやら「週末、一緒に釜山に行こう」と言ってる気がする……。いつも「気がする」ばかり。

こんなことばっかり言ってたら、いつかえらい目に遭いそう。紙に大きく九時と書いて「このお店に来て」と、小さくて華奢な体全体でジェスチャーをしています。

当日、お店に着くと、おばさんは、せっせとのり巻きと二冊の辞書を大きなリュックに詰め込んでいました。バスに乗り込むと、早速、辞書を取り出し、何も言わずに、一冊の分厚い紙の辞書を私の膝の上に置くと、「私たち、これがあれば会話できるよね」とニッコリ。ひとときも手を休めず、辞書をペラペラとめくっては、単語だけで一生懸命、私に話しかけてくれます。そこまでして、なんで私としゃべりたいんやろ？　私は、全く言葉の通じない外国人とどこかに遊びにいくなんて、想像もできない。おばさんはバスから降りても、辞書を肌身離さず持っています。それにしても、このおばさんのパワーはすごい。もう私は、疲れた。なんでもいいけど、この辞書、重すぎ……。

そんなこんなで、釜山観光も終わり「よっしゃ！　家に帰れる！」と思ったら、おばさんが「今夜は、うちで焼肉でもしましょう」と。「あ、カムサハムニダ」。丁重にお断りしたくても、言葉がわからなくて断ることさえできない。私は、トコトコとおばさんの後をついていき、家に到着すると、貫禄たっぷりの旦那さまが一人お酒を召しあがっておられました。「アンニョンハセヨ」。私が言えるのは、いつだって「アンニョンハセヨ」と「カムサハムニダ（ありがとう）」オンリー。あぁぁぁぁ、もう誰とも話したくない。疲れているときに、外国語を聞くのって、相当な体力を使います。しかも、なんの話かさっぱりわからないのに、適当に相槌も打たないといけないし……。

おばさんは、おいしい焼肉を焼いてくれ、ごちそうさまをしたら、おばさんも疲れてきたのか、今度は「早く帰れ」と言わんばかりに、地図を持ってきて「家は、どこ?」と聞いてきます。「家? 家? 家は……」。どこにあるかわからなーい。ガーーン。おばさんは、地図をマジマジと見ながら「この辺? この辺?」とひっきりなしに聞いてきますが、この辺なのか、あの辺なのか全くわかりません。おばさんは、「自分の家もわからんのか!」という表情。こわい。「そうだ! 院長先生に電話しよう」と、即TEL。「先生~私の家って……どこでしたっけ?」と助けを求めると、院長先生は快くおばさんに説明してくれて、私は無事に家に帰れることに。はぁ。情けないやら、何やら……。こんな感じで、私は韓国の生活をスタートさせたのです。

トラブルメーカー

韓国語が全くわからず、日常生活もままならない私。インテコの授業も少し落ち着いてきたので、蔚山大学で韓国語の授業を受けることにしました。これこそが、私が夢にまで見た韓国留学生活！　いつか韓国語がぺ〜らぺらに話せるようになることを夢見ながら、一日二時間の初級会話クラスに入りました。でも！　初級クラスに日本人は一人もいない！　前にも書きましたが、韓国語は日本語と似ているということもあり、日本人にとっては、とても勉強しやすい言語。だから、真面目に勉強したら、みんなスイスイ上のレベルに行けるってわけなんです。

例えば、

㊐は丸囲み：

韓 무시（ムシ）日 無視（むし）

韓 가방（カバン）日 鞄（かばん）

韓 삼십 분（サンシップン）日 三十分（さんじゅっぷん）

韓 가수（カス）日 歌手（かしゅ）

文章で見てみると、

韓 마사지 삼십 분 무료（マサジ　サンシップン　ムリョ）

日 マッサージ三十分無料（マッサージ　さんじゅっぷん　むりょう）

韓 미묘한 삼각 관계（ミミョハン　サンクァク　クァンゲ）

日 微妙な三角関係（びみょうな　さんかく　かんけい）

このように。だから、私はわからない単語が出てきたら、とりあえず日本語で言ってみる。もしかしたら、伝わるかもしれないな〜と思って。それに、文法も同じです。文字の並びも全く同じなので、単語さえ覚えたら、こっちのもの。とはいえ、やっぱり外国語を習得するというのは、そんな簡単にいくものじゃないですよね。韓国語に関していえば、文法や単語は簡単でも、日本人が乗り越えられない壁は、やっぱり発音です。日本語にない発音が山ほどあって、もうお手上げ。「韓国語発音講座」みたいなのがあれば、ぜひ受けてみたいといつも思っているのですが……。

さぁ、授業スタート。今日は、どんなことが学べるのかな？　私はワクワクしながら、授業に臨みました。そして、真面目だけが取り柄な私は、毎日やる気満々で参加していたのですが、会話のクラスにもかかわらず、話す機会はゼロ。問題は、隣に座っていた、ごっついアメリカ人です。毎日、毎日、授業が始まった途端、僕のワイフがどーだこーだの話が始まる。あ～、昨日も今日も明日もワイフの話。言っとくけど、誰もあなたのワイフに興味ないからね！　あなたのワイフの話を聞くために授業を受けてるわけじゃないからね！　先生も少しくらいほかの生徒に話を振ってくれてもいいのに、永遠に彼のワイフの話に付き合うので、私を含め、ほかの生徒は、なかなか話す機会がなかったのです。あげくの果てには「なんで何もしゃべらないの？」と言われてしまう始末。おいおい！　誰のせいだと思ってるんだよ！　そして私は、今日も透明人間のように、ただ静かに毎日同じ席に座り、ワイフの話を聞いては相槌を打ち……。つまらん。私が描いた夢の留学生活は、いったい、何だったのか……。ごっついアメリカ人のつまらん話に付き合わされて、一気にやる気を失くしてしまった私は、一学期だけ授業を受け、さっさと辞めてしまいました。

辞めてしまったはいいけど、しばらく韓国語から離れることになるのかな……。そう思うと少し不安でした。だって、私はここに韓国語の勉強をしにきたはずなのに。こうなったら自分で頑張るしかない！　と、独学で猛勉強。できるだけ韓国人の友達と会って、韓国語で話してみよう……。でも、やっぱりどこかで、きちんと勉強したいという気持ちは常に頭から離れず。よーし。変なところで自信家の私は、「こんだけ毎日のように勉強頑張ってるんやから、韓国語のレベルもだいぶ上がったやろうな〜。中級？　いやいや、そんなことないわ。もう上級やわ」と、いい気になって、大学で上級韓国語の試験を受けてみると、なんとかギリギリ合格ライン。やったぜ！　ギリギリでもなんでも、合格してしまえばこっちのもの。努力の甲斐があって、今度は上級者として大学の授業に戻ることになったのです。

インテンシブコースといって一日四時間、毎日授業があります。授業初日、かなりドキドキしながら教室のドアを開けると、ゲゲゲーーーー。今度は、見事にみんな大学生。日本と中国からの交換留学生ばかりです。既に仲間はずれ？　みんなは、キャピキャピのハタチ。なんていい響きなんだ。そして、その中に三十三歳のおばちゃん一人。あ〜なんか嫌やな〜。学生時代のいじめられっ子って、こんな気持ちやったんかな？　余計な想像が膨らんで、独りの世界に入り込んでしまうのは、昔からの私の悪い癖。でも、せめて、もう一人くらいおばちゃんがいてくれてもよかったのに！　……って、私は、まだオバサンだなんて認めちゃいませんよ！　次の問題は……。私は、この大学生の子たちに敬語を使うべきか？　それとも、タメ語で話すべきか？　ハタチの小娘に敬語？　それも、変。タメ語？　初対面なのに？　それも失礼な気がするし。敬語とタメ語の真ん中くらいの言葉ないんかな？　また余計な心配が頭の中をグルグル旋回しています。そもそも私の悩みって、大体しょーもないことばかり。わかってるんやったら、やめればいいのに。

授業が始まると、やっぱり上級クラスだけあって、私にはキツイ。ついていけん……。余計な心配する前に勉強の心配をするべきだった。うーーん……。でも、弱音を吐いている暇はありません！　頑張るしかない！　みなこ、ファイティン（「ファイト」は、韓国語で「ファイティン」）！

当時、朝と夜はインテコで働き、昼間は大学で勉強するというハードなスケジュールで、一日三回のごはんも一人、インテコで食べなければならないというなんとも悲しい生活を送っていました。「韓国語をマスターしたい」、常にそう思っていましたが、体がついていかない。というのも、大学では毎日山ほどの宿題があったのです。私が泣くほどつらかったのは、暗記の宿題。何を書いているのか訳のわからない難しい四〜五行の文章を覚えさせられ、次の日にみんなの前で発表しなければなりませんでした。毎日、家に帰って、教科書とにらめっこ。でも、なかなか覚えられない。私はバカなのか？　それとも、年のせいなのか？　大学生の子たちは「あっ！　暗記の宿題、忘れちゃった！」なんて言いながらも、一字一句、間違えずに堂々と発表してみせるのです。なぜかイライラを抑えられない私。やっぱり、若い子の脳細胞とは違うわな。私の脳細胞は確実に死んでしまっている……。いつも授業が終わると、普段は手を出さない甘いキャラメルマキアートを買い、一人、坂道を下っていると、涙がポロリ。ツライ……。

そして、待ちに待った懇談の日、先生に胸の内を伝えました。「先生……私、仕事もしているし、毎日、寝る暇がないくらい忙しいんです。もうちょっと宿題を減らしてもらえませんか？」と言うと、先生は厳しい表情で「勉強したくてここに来たんでしょ？　そんな甘い気持ちでは語学はマスターできませんよ！」と。それはそうなんやけど。結局「はい。すいません」としか言えなかった私。今、考えても精神的にも体力的にもツライ日々でした。でも、その厳しい先生の授業のおかげで、今の自分がいる気がしています。勉強に終わりなし。「千里の道も一歩から」、「継続は力なり」、私が大好きな言葉たち。これからも、頑張れ、私。

ウエディングキス

第2章

ダーリンとの
あま〜い新婚生活。
そして、箱入り息子誕生

ダーリンとの運命の出会い

私と彼が運命の出会いをしたのは、私が働いていたインテコ日本語学院。私は、当時、会話のクラスを担当していたのですが、ある日、彼がこのクラスに新しい生徒として入ってきたのです。特に目立つ感じでもなく、どちらかというと、おとなしくて謙虚なタイプ。顔だちも私のタイプとは、ほど遠い感じでした。私のタイプは、身長は一七三センチくらいで、筋肉が程よくついているガッチリ系。色白で、目はクリクリ二重のかわいい系。こんな感じ。でも、彼は正直言って正反対です。私のタイプと被るところはひとつもありません。背は高くて、細い。目は見えないくらいちっちゃい。一重で、おまけに眼鏡付き。そして、色黒（ちなみに、彼も私のことを全くタイプじゃないと言っていますからお互いさまか。そう、大事なのは外見じゃない！）。

全く自慢になりませんが、私は、とにかく顔がタイプじゃないと興味が持てないのです。「この人のことをもっと知りたい」という気持ちになれないんですね。それなのに、どうして私は、全くタイプではない彼にメロメロになってしまったのでしょう？　彼にはほかの人にはない素晴らしいものがあったのです。それは「礼儀」。ほかの生徒は授業が終わると、「この時間を待っていました！」と言わんばかりに、さっさと荷物をまとめて、ろくにあいさつもせずに教室から逃げ出すように出ていくのですが、彼は、いつも深々と頭を下げて「今日もありがとうございました」と笑顔で私の目をマジマジと見ながら、あいさつをしてくれたのです。あいさつは基本。今、思い出しても素敵な笑顔だったな、とウットリ（現在、結婚五年目、あの笑顔は、どこに消えてしまったのか……）。

見た目重視の私が（まわりには、デブ好きだとかブス専だとか散々言われていますが）、いつの間にかそんなことはどうでもよくなり、彼のことが大好きになっていました。時々カカオトーク（日本のライン。韓国では、主にカカオトークを使います。ちなみにこっちでは、先生と生徒が個人的に連絡をとったり、学院の外で個人的に会うのもＯＫ）をしたり、図書館で一緒に勉強したり、健全なお付き合いをしていたのです。

そんなある日、彼が岬に行こうと誘ってくれたことがありました。遅い時間だったので、人はほとんどおらず、まわりは見渡す限り広大な海。ザブーン、ザブーンという波の音がロマンチックに耳に響きます。私たちは大きな岩に腰を掛け、灯台の光に映し出されるきれいな海を何ひとつ言葉を交わさず静かに見ていました。私は、この瞬間、確信したのです、これはデートだと。しばらくすると、彼が「そろそろ行きましょうか？」と言うので、名残惜しさを感じながら、ゆっくりと腰をあげて歩き始めると、彼が「先生……」と、耳の傍でささやいたのです。「きた〜〜〜！　きたぁ〜〜〜」。この瞬間を待っていたのだよ！　私の鼓動は、ドックンドックンと震え動いていました。早く言って！　早く言ってよ！「先生、実は僕……、前の彼女にやり直そうって言われているんです。長く付き合ったし、情もあるし、やり直したほうがいいのかな？　って思っているんです」と。え？　え？　は？　じゃあ、今日は、デートじゃなかったってこと？　元カノとやり直すことを私に伝えにきたってこと？「なによ、人をその気にさせておいて！」。でも、立場上、彼に怒りをぶつけるわけにもいかず、冷静に、先生として……動揺のあまりなんと言ったかは忘れてしまいました。

でも、結局その彼女とは、よりを戻すことはなく、彼は私の押しに負け、結局私と付き合う羽目になったのです。ウシシ。デートをしていても、いつも優しくて、紳士な彼。毎回の食事も、いつもご馳走してくれるし、食事が終わったあと「ごちそうさま。ありがとう」と言うと、「毎回、ありがとうって言わなくてもいいよ。そんなに『ありがとう』って言われると、遠い関係みたいで寂しい」と言ってくれる彼（韓国人は、日本人ほど「ありがとう」とか「ごめんなさい」は言いません）。なんて紳士なんだ！　何かにつけて感動してしまう私。時々、派手な封筒に入ったラブレターをもらったこともありました。くまちゃんの絵がいっぱい書かれてある情熱の真っ赤な封筒。さらに、その上からワンちゃんやらウサギちゃんやら、ネコちゃんのシールが何枚も貼りつけてありました。ゲゲゲ。いったい、なんなんだ？　この男は。誕生日には段ボールいっぱいの海苔をくれたり、筆箱をくれたり……。ホンマになんなんや？　この男は。常に「ダサ男」だと思いながらも、うれしさのほうが勝ってしまうという……恋というのは、この世でいちばん恐ろしいものです。

そして、私たちは結婚の約束までし、私は一旦、日本に帰ることになりました。でも、結婚といっても、そんなに簡単にいくものではありません。うちの両親は、いつも私の気持ちを尊重してくれるので、相手が韓国人であろうと、中国人であろうと、有色人種であろうと、どこの国の人でも娘が好きになった人なら……と、結婚を認めてくれると信じていたのですが、問題は彼のご両親です。当時、私は韓国の文化も全く知らず、今から思うと、国際結婚のことを甘く見ていました。さぁ、これから、ご両親説得作戦が始まります。

年の差結婚は許されない？

まず、問題になるのは国際結婚ということ。そして、年の差です。当時、私は三十三歳で、彼は二十八歳。私より五歳も年下です。韓国は儒教の国ということもあり、まだまだ国際結婚も浸透していないし、年の差結婚というのも一般的ではありません。男性が一～二歳年上というのがいちばん望ましいようですが、最近は女性が年上というのもあるみたいです。とはいっても、せいぜい一～二歳というところ。私たちみたいに女が五歳も年上っていうのは、あり得ない！　とまではいえませんが、とても珍しいことなんです。当時は、私も韓国事情について全くわからなかったので「早く、ご両親に結婚のこと話してよ」と毎日のようにプレッシャーをかけていたのですが、韓国人男子が五歳も年上の外国人女性と結婚を決めることは、とても勇気が要ること。それに、これは今だから言えることですが、大体の韓国人男子は、両親に反対されたら結婚をあきらめるのが普通のようです。日本のように「結婚を認めてもらえなかったら、駆け落ちしてやるー」みたいなのは、基本的にありません。いちばん大切なのは、今まで大切に育ててくれた両親。両親に反対されると「どうして、僕の気持ちをわかってくれないんだよ！　どうして、僕の気持ちを尊重してくれないんだよ！」と反発するというよりかは、「両親が気に入らない相手と結婚して、両親を悲しませたくない」「両親に祝福されて結婚したい」という気持ちのほうが大きいようです。聞かなくても、彼のご両親もこの結婚を反対されることはわかっています。そんなわけで、私たちは、どうやって結婚の話をご両親に持ちかけたらいいのか、日々、頭を悩ませていたわけなんですが……彼が急にとんでもない作戦を考え出したのです。その作戦とは……私の年のサバを読む。悪く言えば、ご両親に嘘をついて結婚を認めてもらおうというのです。

彼「親には、ミナコは三歳年上ってゆっとくわ」

私「それはやめたほうがいいと思う。嘘ついても後で絶対バレるし、信用失うだけやん」

彼「ミナコは全然、韓国のことわかってないな。ほんまのこと言ったら、絶対に結婚認めてもらえへんで」（私と長い時間を一緒に過ごしたせいか、彼もなぜかバリバリの関西弁）

……というわけで、私は勝手に三歳年上ということにされてしまい、「彼女は三歳年上の日本人」ということで両親に話をしてくれましたが、案の定、大反対。認めてもらえるはずがありません。お母さんは「なにバカげたことを言ってるの！　絶対に認めません。ゼッタイ、ダメ！」。お父さんには「結婚するなら、おまえは家を出ていけ！」と怒鳴り散らされるという悲しい始末。作戦、全然あかんやん！　どうせダメなんやったら、嘘つかんでもよかったやん！（というのが私の本音）

しばらく時間が経って、お母さんは息子をかわいそうに思ったのか、彼にある提案をしたらしいのです。「お父さんには二歳年上ってことにしておこう」と。やっぱり、年がひっかかってるのか……。でも、そんなことしたら、もっと、ややこしいことになるやん。結局、私たちは、お母さんに嘘をつき、お母さんは、お父さんに嘘をつき、なんとか結婚までこぎ着けることができたのです。

でも、めでたし！　めでたし！　で終わるはずがありません。楽しい新婚生活が始まっても、いつバレるのかとドキドキの毎日。結婚に大反対されていたお義父さんもお義母さんも、結婚後は本当に優しくしてくださって……。でも、私には、その優しさがつらかった。私の中の罪悪感は日に日に大きくなっていき、憂鬱な日々を送っていきました。

「いつか本当のことを言わないといけない」。そんなある日、私はあることを思いついたのです。これは、神様がお義母さんに告白するチャンスを与えてくださったんだ！　そう確信しました。私が思いついた、その「あること」とは……。韓国では、生まれた瞬間、一歳。そして、お正月が来たらまた一歳年をとります。つまり、数え年で年を数えます。そうだ！　これだ！　ちょうど私は二歳サバを読んでるからバッチリだ！　私は、お義母さんに本当のことを告白することを決めたのです。いつものように、お義母さんと一緒に食事をしているとき、私は、しっかりと心を整え、ゆっくりと話し始めました。

私「おかあさぁ〜ん。この間、韓国人の友達に聞いて、すごくビックリしたんですけど、韓国では生まれたら一歳で、正月が来たら、また一歳年をとるって本当ですか？　全然、知らなかったな〜」

　お義母さんは、なぜ急にそんな話をするのかと、不思議そうに、きょとんとした顔で私を見つめていました。そして、数秒後、何かを悟ったように……。

お義母さん「……じゃ、ミナコは何年生まれなの？」

（ギクッ！　いきなり来たか！）

私「え？　わ……わたしですか？　私は、一九七八年生まれですけど……」

お義母さん「え？　一九七八……じゃあ、みなこはジョンハク（主人の名前）より五歳も年上ってこと？」

私「う〜〜〜ん……韓国の年の数え方ってよくわからないんですけど、そういうことになるんですかね〜？　そういうことに……なりますよね、たぶん？　でも、ほら、こんな年の数え方するのって、世界中で韓国だけだと思いますよ。（知らないけど）だから年のことはそんなに気にしなくてもいいいんじゃないですか？　ね？」

お義母さん「（あきれた顔で）ミナコって、ほんとに年とってるのね！」

はい。おっしゃるとおりでございます。本当に申し訳ございませんでした。こんな感じでなんとか無事に終わり、や〜っと私の肩の荷も下りましたが、お義母さんは、このショッキングな事実をどうやってお義父さんに話そうか真剣に悩んでおられました。家族を混乱に巻き込んでしまったこと、心から反省しております。私たちは、こんな大変な新婚生活をスタートさせたのです。やっぱり、韓国では年の差結婚は、まだまだ一般的ではないようです。

一日女優体験

突然ですが、皆さんは「女優になりたい！」と思ったことはありませんか？　私は、しょっちゅう思っています（笑）。誰もがうらやむような美貌と、周りの男の目を釘付けにするほどのナイスボディーを持って、今度は女優に生まれたい。だって女優さんって、いつも素敵な洋服を身にまとって、美しく、オーラがあって素敵だと思いませんか？　ドラマではイケメンと共演できるし、結婚したって恋愛ドラマに出れば、いつだって疑似恋愛を楽しめる。自分のことを愛してくれる人も日本中に腐るほどいて、いや、スーパースターになればファンが世界中にいて、一歩街に出れば、サインを求められる。すごくきらびやかな世界だと思いませんか？何歳になってもミーハーな私は、いつも暇さえあれば、そんな妄想を楽しんでいるアラフォーのおバカちゃんです。

そんなおバカちゃんの夢を叶えてくれたのが、韓国のウエディングフォト。韓国は写真文化！　といえるほど、韓国人は写真が大好き。どこに行っても、自撮りを楽しんでいる人がいます。カフェなんかに行くと、必ず一人は自撮りしている人を見かけます。いやいや、一人どころか、店のあちこちで……。私は、いつも自撮りをしている人をマジマジと見ては、人間観察を楽しんでいるのですが、本人は、そんなのお構いなし。「見るんやったらなんぼでも見せてや〜！」という雰囲気を体中から醸し出し……誰かに見られたら恥ずかしくないんかな？最大にかわいく見えるアングルを考え、最大限まで目を見開き、クルクルおめめを作ったら、準備完了。パシッ！　パシッ！　パシパシ。ここまできたら、完全に自分の世界です。主人は、ばっちりポーズで写真を撮っている人を見て「なにあれ？　芸能人でもないのに、よくあんなポーズとって写真撮れるよな」と言っていますが、主人もカメラを向けられると、いっちょまえにポーズをとるので笑えます。やっぱり、あなたも間違いなく韓国人。

とにかく、こちらの人は写真を愛しているようで、そんな人のために写真館も充実しています。ウエディングフォト、マタニティーフォト、ベイビーフォト、ファミリーフォトなどなど。それぞれ専門の写真館があるから驚きです。その中でも、私のいちばんのお気に入りは、ウエディングフォト。韓国では結婚式の数カ月前に写真館に行き、ウエディングフォトを撮るという習慣があります。私が韓国に来て、いちばん感銘を受け、今でも忘れられないのが、このウエディングフォト撮影体験をしたことです。世界各国からわざわざ海を越えてまで写真を撮りにくるカップルがいるのも納得。

私たちが想像するような一般的な写真ではありませんよ。完全に女優になりきって撮影に臨むことが大切です。例えば、花束を持ってのプロポーズシーン、キスシーン、浜辺で散歩しているシーン、カフェでお茶しているシーンなど。写真館には撮影セットがそろっていて、すごく豪華。あっという間に背景が教会になったり、カフェになったり。そして、野外撮影もあったりと、本当にドラマの主人公になった気分に浸ることができ、ひとことで言えば、まさに「一日女優体験」。撮影が始まると、「見つめ合って、キスして〜、もっと愛おしそうに旦那さんを見て〜」と。私も、最初はかなり抵抗があったし、プププと吹き出しそうになったりしましたが、不思議なもんで、やってるとだんだん慣れてくるもの。私みたいな平凡庶民が女優になれるのは、人生で今日限り。そう思うと、楽しく撮影することができました。「女優になりきって、心から笑ってくださいね。そうすると、最高のアルバムができあがりますから」と。カメラマンいわく、心から笑っていないと、いい写真ができないとのこと。な～るほど。だから、あの手この手で必死になって笑わせてくれていたのか～と、今になって思ったりします。それに海外だからと思うと、大胆なポーズでも割り切って撮れるってこともありますよね。

そして、ここからが本気ですごい韓国のウエディングフォト。まず、日本では考えられないくらい安い！　ドレスもチマチョゴリもメイクもアクセサリーも写真データもアルバムも額写真も、そして、なんと！　写真撮影後の修正まですべて撮影代に含まれているのです。日本では、ひとつひとつ料金がかかるのはもちろんのこと、週末に撮影をしたら一万円程度の追加料金もかかるそうです。できあがった写真を見て気に入らないところがあったら、全部きれいに修正してくれます。

ほくろを取ることや美白は基本的なこと。例えば、腕を細くしてもらったり、背を高くしてもらったり、二重あごをVラインにしてもらったり、目を大きくしてもらったり、髪の色を変えてもらったり。美意識が高い韓国人女性は出来上がった写真を見て、何十回と修正をお願いをする人もザラにいるそうです。遠慮なく何度でもお願いできるので、本当に自分が大好きな写真だけをアルバムにできる！　ということです。一生残る大切な写真だから、納得のいく写真にしたいですよね。

でも、どんな写真でも簡単に修正してもらえるので、後で完成した写真を見てみると、全くの別人？　と感じてしまうこともあります（笑）。友達の家に行って、飾られている大きな額写真を見ると、「いったい、誰？」と突っ込んでしまいたくなるときもありますが……。それはお互いさま！　ということで……そっと胸にしまっておきます。外国人からも大人気の韓国のウエディングフォト。これからは、韓国のコスメではなくウエディングフォトの時代到来？　世界が認める韓国のウエディングフォト。この感動を世界中の人に発信していきたい。一人ウエディング、友達との旅行写真も受付中。また、一日、女優体験をしてみたい方！　ぜひ、こちらをごらんください。きっとあなたも虜になるはず。

㊙ mina wedding photo: http://r.goope.jp/mina-wedding
ご相談&お申し込みはこちらまで→Mina email: mina.tinkerdust1207@gmail.com

スピード結婚式

日本と韓国の大きな違いがあるものの一つとして挙げられるのは、結婚式。私も韓国で結婚式を挙げ、韓国人の友達の結婚式にも何度も参加させていただいたのですが、いちばん驚きなのは、結婚式は三十分で終わるということ。お金持ちの人はホテルで式を挙げ、その後は披露宴もあったりと形式も日本と似ているのですが、ホテルで式を挙げるのは、ごく一部の富裕層の人だけ。私たちのような一般庶民は、たいてい結婚式場で挙げます。

そして、韓国では日本のように会社の同僚や仲のいい友達だけを招待するのではなく、基本的に誰でも招待します。例えば、自分の息子や娘が結婚するときも、親は子どもの結婚式に会社の同僚を招待したりするんですね。招待された人は、実際、新郎新婦に会ったこともないのにです。私の結婚式のときも三百人くらい集まり「この人、誰?」という見たことのない人たちにもたくさん来ていただきました。お義父さんの仕事仲間だったり、お義母さんのお友達だったり、もう誰が誰やら……。それに、招待された人が家族や友達を連れてきたりということもあって、韓国の結婚式って、招待状がなくても、簡単に参加できちゃうんです。その代わり、ご祝儀はちゃんと払ってね、という感じです(夫婦で参加する場合や友達を連れてくる場合、ご祝儀は二倍出すのが常識)。招待状もあることはあるのですが、最近は携帯に送ったりするので日本のように堅苦しい感じはありません。

それから、ご祝儀は前もって準備しなくても大丈夫。式場に行くと、白い封筒が置いてあって、その封筒に名前を書いたら直接、財布からお金を出して入れます。日本のようにかわいい派手なご祝儀袋と比べると質素で、ちょっと寂しい感じもしますが……。ちなみに、お金は新札でなくてもよく、ご祝儀の金額は友達なら五〇〇〇円から一万円程度。まだ働いていない学生は、ご祝儀を出さなくても大丈夫なので、学生にとってはおいしい料理をただでおなかいっぱい食べられる最高のチャンス。結婚式の食事は、だいたいが豪華バイキングで、種類も数えきれないほどです。韓国料理はもちろんのこと、中華料理、日本料理。普段は、なかなか食べられない大好物のお寿司も思いっきり食べられるので、私にとっては天国。でも、韓国人は、みんな口をそろえて、式の料理はおいしくないだの、食べるものがないだの、よく言っていますが。いったい、毎日どんなおいしい料理を食べてるんやろう？　食事をする場所は、式場とは別の部屋にあって、式には参加せず、食事だけをしにくる人もいれば、式が終わった後に食事をする人もいます。

私も主人の友達の結婚式に参列したとき、「新郎新婦入場～」といういちばん感動の瞬間に、主人に「席がなくなるから、ごはん食べにいこうよ」と言われ、え？　このタイミングで？と、びっくりしたことがありました。なにも今、このタイミングでごはん食べにいかなくても。結婚式って、全く特別感はなく、ただご祝儀を渡しにいくだけ？　そんな感じです。半分以上は義務。とはいっても、もちろん家族や親友にとっては、大切な日。結婚式は誰でも参加できるし、一年間に何度も招待されるので韓国人にとっては、たいして特別なものではなく、日本の結婚式のように涙、涙、涙という雰囲気は全くありません。どちらかというと、ワイワイ過ごす感じかな。

さて、前置きが長くなりすぎましたが、韓国の結婚式は、どのようにして進められるのでしょうか？　まず、新郎新婦のお母さんがチマチョゴリを着て、手をつないで入場。新郎のお母さんは青や緑系のチマチョゴリで、新婦のお母さんはピンク系。色を見ると、ひと目で、どちら側の親なのかわかるようになっているんですね。新郎新婦よりも先に、お母さんが入場するのは、これから新たに始まる子どもの人生の道を、お母さんが切り開くという意味があるそうです。次は、新郎入場。そして、新婦と新婦のお父さんが腕を組んで入場します。バージンロードの途中でお父さんが新婦を新郎に預け、新郎は感謝の気持ちを込めて、お義父さんとハグ。両親はいちばん前の席につき、新郎新婦は永遠の誓いを交わした後、新郎は両家の両親にひざまずいてあいさつし、新婦は一礼。さすがに、このときは胸にググッとくるものがあります。その後は、新郎が新婦に歌を歌ったり、友達が歌ってくれたり。そして、新郎新婦は退場。

最後は、写真撮影。新婦は手に持っているブーケを投げるんですが、韓国ではブーケを受け取る人を前もって決めておきます。ブーケを受け取った人は、その日から六カ月以内に結婚しないと結婚できないという迷信もあるとか。撮影のときは、まず家族。そして、友達の順番に撮ります。あまり友達に来てもらえなかった場合、写真の出来上がりが寂しくなるということで、全くの他人をアルバイトとして呼んで、写真撮影に参加してもらうこともあるのだとか。知らない人に写真に入ってもらうよりかは、写真が寂しいほうがいいと思ってしまいますが、これは日本人的な考えなんでしょうね。これで、式はすべて終了です。一生に一度の結婚式、こんなあっさり終わっていいんかな？　という気もしますが、韓国人はあまり長い結婚式を望んでいないようで、なんでも早く！　早く！　の韓国人特有の国民性は、こんなところにも表れているようです。

伝統婚礼儀式　ペベク

あっという間に終わってしまう韓国の結婚式。衣装も白のドレス一着だけ。私も白のシンプルなドレス一着だけで、なんとなく寂しかった記憶があります。なんといっても、三十分で終わってしまうので、お色直しなどする暇もありません。

結婚式が終わると、式場とはまた別の部屋で幣帛（ペベク）と呼ばれる昔からの伝統的な儀式が行われます。部屋の中には屏風が立てられてあり、テーブルの上には、餅、お菓子、栗、ナツメ、乾物の盛り合わせなどが置いてあります。これは韓国独自の風習で、親族だけが集まり、新しく家族になる新郎新婦二人が親戚にあいさつをするという婚礼儀式。基本的には親族だけということになっていますが、希望する人がいたら見にきてもいいようです。私のときも、何人か生徒がのぞきにきてくれました。

新郎は官服、帽子、紗帽冠帯（サモクァンデ）というスタイルで、新婦は袖の長い円衫（ウォンサム）という礼服にチョクドリという冠を被ります。ペベクの衣装は、色鮮やかで、とてもゴージャス。

　ペベクが始まると、まずは韓国人が大好きな写真撮影をしたら、新郎の両親と向かい合わせに座って一礼。そして、新婦の両親にも同じようにし、お祝いの言葉をいただきます。

　これが終わると子宝祈願？　新郎新婦は、大きな白い布を手に覆うようにして持ち、舅と姑はその布に向かって栗とナツメを投げ、新郎新婦は、白い布でそれを捕まえにいきます。栗を捕まえると女の子、ナツメは男の子を表し、捕まえた数だけ子宝に恵まれるのだとか。

　そして、次は新郎新婦の誓い。お互いにお酒を注ぎ合って、夫婦の杯を交わします。最後は、新郎が新婦をおんぶして、部屋を一周。これには「一生、あなたの面倒をみます」ということを意味するそうです。

　ペベクも式と同じくあっという間。私なんて何をしたらいいのか全くわからず、式場の人に手を引っ張られるまま……。何がなんだかわからない間に終わってしまっていたという感じです。ただ今でも頭の中に残っているのは、衣装がものすごく豪華だったな～ということくらい。韓国の伝統衣装、とっても素敵です。

桃太郎

テミョン（胎名）というのは、赤ちゃんがおなかの中にいる間の名前のこと。韓国のお母さんたちは、赤ちゃんが元気に生まれてきてくれることを祈りながら、おなかの子どもに愛情を込めて、仮の名前を付けます。私は、二〇一三年に妊娠。ベイビーの胎名は「桃太郎」にしました。桃太郎という名前の由来は二つあって、一つは、単純につわりがひどいときに桃ばっかり食べていたから。それから、もう一つは、日本の昔話に出てくる桃太郎は「強くて、優しくて、勇敢」、そんな男の子に育ってほしいと思う気持ちから付けました。

では、韓国のお母さんたちは、どんなテミョンを付けているのでしょうか？ 사랑이（サランイ　愛）、기쁨이（キップミ　喜び）、희망이（ヒマンイ　希望）、축복이（チュッポギ　祝福）、똘똘이（トルトリ　利口）、별이（ビョリ　星）、건강이（コンガンイ　健康）、하늘이（ハヌリ　空）、태양이（テヤンイ　太陽）、콩이（コンイ　豆）、개똥이（ケトンイ　犬の糞）などがあります。それにしても、我が子に「犬の糞」とは笑っちゃいます。

胎教教室に行ったとき、先生に「大きい声でおなかの中にいる赤ちゃんの名前を呼んでみましょう」と言われ「ももたろう～」と叫んだら、私の声が大きすぎたのか、聞き慣れない名前だからか、みんなにジロジロ見られてしまいました。アジャ。

赤ちゃんが生まれてきたら正式に名前を付けるわけですが、韓国では命名所というところがあり、子どもに名前を付けるときには半数以上がこの命名所を訪れ、そこで名前を決めてもらうという風習があります。名前が子どもの人生や運命に大きな影響を与えると考えられているようです。そして、名前がとても重要な意味を成す韓国では、途中で名前を変えたりする人も珍しくありません。私の友達の中にも数名……。悪いことが続いたり、人生につまずいたら、名前に問題があると考える人もいるんですね。日本人には、もともと途中で名前を変えるという発想がないし、名前を変えること自体、違和感があると思うのですが……。どうでしょうか？　でも、逆に韓国人は、自分の名前よりも名字に誇りを持っている人が多いイメージがあります。

韓国では、結婚しても名字は変わりません。主人はチェ氏ですが、結婚したからといって、「チェ・ミナコ」にはならないんですね。家族なのに、一人だけ名字が違って寂しいなと内心思っているのですが、そんなふうに思うのは、多分、日本人の私だけ。韓国の人は、みんな口をそろえて、「名字が変わるのは嫌！」と言うのです。私の大事な名字なのに！　と。そこには家だとか跡取りといった考えが深く根付いているようです。「結婚して、好きな人の名前になりた〜い！」とか、そういう概念はなさそう……。私は、昔から自分の名字が好きじゃなくて、早く結婚して名字変わりたい！　と心底願っていたのに、まさか一生、松田水菜子だとは。

韓国には、名前にまつわるいろんなことがあります。例えば、항렬자（ハンヨルジャ）と呼ばれるもの。日本でも、子どもの名前を付けるときに親の名前から一字もらったりしますが、それと似たようなもので、親族間で始祖から何代目かを表すために名前に用いられる共通の文字のことをいいます。韓国ではこの概念がもっと強く、名前二文字の中の一文字は、ハンヨルジャに沿って名前を付けないといけないという、しきたりみたいなものが未だに残っています。

このハンヨルジャによって名前を付けると、兄弟の名前には同じ文字が入ることになります。例えば、お義父さんの名前は경은（ギョンウン）というのですが、お義父さんのお兄さんの名前は경환（ギョンファン）で、共通して경（ギョン）という文字が入っています。最近は、このハンヨルジャが四柱推命（占いのひとつで、生まれた年、月、日、時を四つの柱として、その人の運命を占うというもの）で合わないときは入れなかったり、ハンヨルジャに関係なく名前を付ける家も増えているようです。もちろん、うちのチェ家にもハンヨルジャがあって、本当ならそのルールに沿って名前を付けないといけないのですが、お義父さんが自由に名前を付けてもいいと言ってくださったので、私が名前を付けることになりました。

候補は、준서（ジュンソ）、준호（ジュンホ）、시원（シウォン）、시온（シオン）。私は、ジュンソという名前がものすごく気に入っていたのですが、主人は、いまいち気に入らない様子。

ジュンホはありふれた名前だし、チェ・シウォンは芸能人にいるから嫌だと。私の考えた名前は、すべて却下。名前を付けるのもひと苦労です。

女の子の名前より、男の子の名前を付けるのがもっと難しい気がするのは私だけ？ 男の子の場合、日韓で共通して使える名前は、준（ジュン）だけ。それに対して、女の子は、유리（ユリ）、미나（ミナ）、유나（ユナ）、하나（ハナ）、나나（ナナ）、루나（ルナ）、하루（ハル）、리나（リナ）、유미（ユミ）、유이（ユイ）、세리（セリ）など日韓両方使える名前がたくさんあります。

ひと昔前の男の子の名前は、영수（ヨンス）、영호（ヨンホ）、영숙（ヨンスク）など、영（ヨン）が付く名前が多く、女の子は、자（ジャ）、숙（ソク）の付く名前が多かったようです。자（ジャ）は、日本語でいう「子」。日本でも「子」が付く名前はひと昔前の名前という感じがしますね。さて、うちの坊ちゃんの名前は何にしようかな？

私を殺して！

二〇一四年の一月六日に三二二〇グラムの元気な男の子を出産しました。名前は、민준（ミ

ンジュン）。結局、私が考えた候補にはない名前になりました。ミンジュンという名前はちょっとありふれていますが、とても人気がある名前で、当時、韓国で大ブレイクした『星から来たあなた』というドラマの主人公の名前と同じ。なんか真似してつけたみたいで嫌やな。

出産予定日は、一月十日でした。何度も母に「予定日は十日」って言ってるのに、「あれ？ 六日じゃなかったっけ？ なんか六日に生まれてくる気がするな」と言う母。もしかして、ボケが始まった？ と、真剣に心配していたのですが、そしたら、なんと母の予想どおり六日に生まれました。母の勘はスゴイ！ もしかして、シックスセンスでも持ち合わせているのでしょうか？

六日の朝。トイレに行くと出血していたので、慌てて病院に行くと、急に「今日産みましょう」と言われ、即、入院。なにしろ初めての出産なので、どんな痛みなんやろう？ と、想像するだけで、怖くて、怖くて、待機室で待っている間も体の震えが止まりません。果たして私は、死ぬほどの痛みに耐えられるのか？ 最近、韓国では無痛分娩が一般的で、陣痛の途中に無痛注射を打ってもらうと、ほとんど痛みを感じずに出産できるようです。韓国人の女性は痛みに弱いようで、陣痛の痛みも嫌だという理由で、最初から帝王切開をしてもらう人も少なくないと聞いたことがあります。私も強烈な痛みに耐えられるか心配で、自然分娩にしようか、それとも無痛分娩にしてもらおうか相当悩んだのですが、日本では「あの強烈な死ぬほどの痛みを経験するからこそ、子どもにもより一層の愛情を感じられるし、母として強くなる」と、母からよく聞かされたので、自然分娩することに決めました。

でも、韓国では日本みたいに「頑張りましょうね！　大丈夫ですよ！」みたいな雰囲気はなく、とにかく淡々と進められていきます。分娩室に移ると、いよいよ陣痛が始まって破水。主人も駆けつけてくれました。最初は、主人と話しながら「破水ってこんな感じか～」なんて考える余裕もあったのに、そのうち陣痛がひどくなってきて、もう痛くて痛くて……。こんなに痛いのに、これから、これ以上の痛みが襲ってくるのかと思うと涙が。私は本当に産めるのか？　今まで感じたことのないようなものすごい不安が押し寄せてきます。痛みがピークになると、先生と看護師さん三人が来てくれて、これから本当の地獄の時間が始まります。痛みはピーク中のピークに達し、頭の中は真っ白に。先生に何を言われているのかもわからない状態で、私は無我夢中で「無痛！　無痛！　無痛！」と叫んでいました。「先生！　お願いですから無痛注射打ってください」なんて、そんな長い文章、言葉にできるわけがありません。「ぎゃぁ～～～～～～～ぎゃぁ～～～～～～」。こんな大きい声が出るのかと思うくらい大きい声で泣き叫んでいると、看護師さんに「お母さん！　赤ちゃんも頑張ってるんですよ」と怒られてしまいました。

主人は苦しんでいる私を見て、隣で涙をすすっているか、もしくは、気絶でもしているのかと思いきや「ミナコ！　うんちするときみたいに！　うんちするときより、もっと強く！　力を入れて！」と、叫んでいました。「うんち、うんち、うんち」ってうるさいよ！　看護師さんには日本語が通じないと思ってふざけてるのやら、なんやら……全く。陣痛の痛みがピークに達したとき、これ以上の力は出ない！　というほど、思いっきり力を入れて、踏ん張らなければいけません。でも、こんなに痛いのに、どうやって踏ん張ればいいの？　どうやって、力入れたらいいの？　私の叫び声に負けないくらい看護師さんも大きい声で「力入れて！　もっと！　もっと！」と叫び、気がつけば、看護師さんは私のおなかの上に乗って、赤ちゃんを押し出そうとしています。もう痛くて死にそうなのに、私を殺す気？「もう殺してーーー！」、そう叫びたいくらい。頑張って、踏ん張って、踏ん張って、頭が出てきたら、その後は意外と簡単に体がすぅーと出てきました。こんな苦痛、人生で初めて。

「おぎゃ〜おぎゃ〜」。待ちに待った赤ちゃん誕生の瞬間です。でも、正直、赤ちゃんに会えた感動より、やっとこの痛みから解放されるといううれしさのほうが何十倍も大きかった。さよなら、私を発狂させた出産の痛み。この痛み、どう表現すれば、伝わるでしょうか？「鼻からスイカ？」。いや、違う。戦争、地獄……。

韓国では「男は軍隊。女は出産」という言葉があります。とにかく、想像をはるかにはるかに超える痛みとの闘いでした。あるママ友は「車に轢き殺されるような痛み」と言っていましたが、まさしくそのとおり！　って、車に轢き殺されたことはないんですけど。とにかく、到底、口では表現できないくらいのたまげるような痛さです。この痛みは経験した人にしかわからない。こんな死ぬほどの痛みを経験するから、お母さんは強いのかな？

私、本当にお疲れさま。そして最愛なるミンジュン、お父さんとお母さんのところを選んで生まれてきてくれて、ありがとう。

お願い！　息子の命を助けて！

うちの箱入り息子が二〇一五年の一月六日で一歳になりました。韓国では、どの家も一歳のお誕生日は盛大に祝います。我が家は、主人の家でホームパーティー。朝から肉に魚に、テーブルの上には食べきれないほどの料理が並びます。そして、おじいちゃん、おばあちゃんからは金のネックレスと指輪のプレゼント。本物の金で、指輪には豚の絵が書かれています。この豚ちゃんのアクセサリー、おいくらだと思いますか？　なんと、七〇万ウォン（七万円程度）一歳の赤ちゃんに七万円のプレゼント？　まさに、目から鱗です。そして、それプラス二〇万円のお小遣い。おばさんからも二万円いただきました。「ありがとうございます」だけでは済まされない金額。なんとお礼を言ったらいいのか……。私は魚のようにポカーンと口を開けていると、「ミナコも孫ができたら同じようにしてあげないといけないのよ」と言われ、言葉を失う私。やっぱり、一歳の誕生日というのは、特別なようです。

おばあちゃんにおいしい料理を作ってもらって、大金まで受け取って、幸せすぎるお誕生日だというのに、ミンジュンはご機嫌ナナメ。家に帰っても、ずっとグズグズ、グズグズ。あまりにもぐずるのでおかしいなと思い、熱を測ってみると、三八度。ガーン……。どうしよう？　でも、病院に行ける時間でもなかったので、とりあえず、寝かせて様子を見ることにしました。なんとか寝かしつけ成功。

しばらく経って、大丈夫かな？　と部屋をのぞいてみると、白目をむいて、足をバタバタさせながら、小さな体をピクピクと震わせています。もしかして……痙攣？　赤ちゃんの熱性痙攣については本を読んで、一応知っていたのですが、まさか自分の息子が痙攣を起こすなんて夢にも思っていなかったのです。こういうときは、お母さんが冷静にならなければいけません。赤ちゃんの状態をしっかり見て、気道確保、そして、何分くらい痙攣を起こしたのか確認しなければいけないという知識だけはあったのですが、そんな知識、全く役に立たず……。そんなことをする勇気もなければ、心の余裕もありません。今、私の目の前で何が起こっているのかさえわからない。ただただ……怖い。でも、「なんとかしないといけない！」という一心で息子を抱き上げましたが、体は硬直状態です。

私は、氷のように固くなった息子の体を抱きしめた瞬間、パニック状態に陥ってしまいました。なぜか、オンマに助けを求めるため、電話をしようと受話器をとったのはいいけれど、手が震えて、受話器は落とすわ、ボタンは押せないわ。やっとの思いで電話をかけたものの、あまりの動揺＆パニックで今の状態を説明することができません。「オンマ！　オンマ！　ミンジュンが大変なんです！　とにかく今、大変な状態なんです！　お願いです！　助けてください！　早く病院に行かないと！　早く！　早く！」。オンマは「ミナコ？　何があったの？　ちゃんと落ち着いて話して」と。「違うんです……オンマ！　助けてほしいんです。お願いだから、助けてよ！」。オンマの質問にさえ、ちゃんと答えられない。自分でも何を話しているのか全くわからないくらいパニック状態に陥っているとき、主人にトントンと肩を叩かれ「ミナコ、落ち着いて」と言われ、やっと我に返った私。

主人が一一九番に電話をしても、なぜか救急車は来てくれず、もうどうすることもできません。私も主人もパジャマのまま、そして、私は靴も履かずに（あまりの動揺で……）ミンジュンを抱いて家を飛び出し、病院に向かいました。でも、家の近くには救急病院がなく、車で五十分くらいかかる病院まで行かないといけないのです。車に乗っている間、ずっと「ミンジュン、ごめんね……大丈夫。大丈夫」と、祈るように繰り返しながらも、手と足はガクガクで、いつまで経っても震えが止まりません。主人に「もっと早く！　もっとスピード出してよ！」と叫びながら、やっとたどり着いた病院。

病院の中を素足で走って、走って、ついにお医者さんにたどり着くことができました。お医者さんの顔を見つめ「この人が息子の命を救ってくれる人なんや！」と思うと、そのお顔はまるで仏様のよう……。そんなことを思っていられるのも束の間。私は、またパニック状態に陥り、必死でお医者さんに話し始めました。「あの……息子が……急に……あの、急に息子が……急に震えだして……だから、その……」。お医者さんは冷たい表情で、面倒くさそうに私の顔をジロッと見ながら「お母さん……いったい、今あなたが何をおっしゃっているのか……」と。お医者さんは、今まで何人も痙攣を起こした赤ちゃんとパニックになっているお母さんを見てこられたのでしょう。でも、私には初めてのことで、落ち着けといわれても到底無理な話。息子は何本も注射を打たれて、横でシクシク泣いている私。子どもって、やっぱり自分の分身なんやな、と実感した瞬間でした。子どもがつらいと、私も同じだけ、いや、それ以上につらい。代わってあげられるものなら、代わってあげたい。その日、一日入院して、検査の結果「異常なし」でした。よかった！　本当によかった！　子育ては大変だけど、元気でいてくれることが何より。今までよりも少しミンジュンに優しくできそうな気がします。これは、ミンジュンからの何かのメッセージやったんかな？　ホントに頼りないお母さんでごめんよ。
今回は大事に至らずに済んでよかったけど、救急車が来てくれなかったり、救急病院が家から五十分もかかるところにしかないというのは、本当に困ってしまいます。一分一秒を争うような救急のときは、いったいどうしたらいいんやろう？　不安が残ります。

こんなはずじゃなかった……

韓国語で保育園のことを어린이집（オリニチブ）といいます。「オリニ」は子どもという意味で「チブ」は家。保育園は、子どもの家っていうんですね。韓国では、みんな結構、早い時期から保育園に入れます。蔚山はほとんどのお母さんが専業主婦なのに、どうして、そんな早いうちから保育園に入れるのか？　第一に、保育代は政府全面負担だからということがあると思います。すごく助かりますよね。ミンジュンも一歳三カ月で保育園デビュー。育児放棄じゃないですよ。ははは。

入学説明会、当日。韓国の保育園って、どんな感じかな？　韓国語はちゃんと聞き取れるかな？　なんてドキドキしながら、初めて保育園に行きました。まずは、園長先生のお話。園長先生は、大きな声を張り上げて一生懸命に説明されているのに、子どもは騒ぎまくるし、親も話聞いてないし。説明中なのに、ママ同士お話に夢中。あるママは「うちの子、まだアルファベットもわからないんですよ～」とか言ってる。アルファベットもわからない？　当たり前やん？　特に、私の住んでいる地域は教育熱心な人が多く、ママたちも相当、子どもの教育には力を入れていらっしゃるようです。

そして、入園から一週間。毎日、一時間だけの通園が始まりました。私もずっと息子と一緒にいるのですが、息子は人見知りがかなり激しく、教室でも私にべったりで、お友達にも先生にも無関心。今までずっと私と一緒にいたから、当然のことといえば当然のことかもしれませんが。それにしても、その人見知り度は激しく、私がトイレに行っただけでも、大泣き。大暴れ。あー泣いてる。泣いてる！　と思っていたら、先生が息子をだっこしてトイレの中まで入ってきました。保育園のトイレだから鍵がないんです。「ママ、ここにいるよ～」と言いながら、私はパンツを下ろした状態で……先生と目が合うこと数秒。

え？　便器に腰かけてる私をそんなにマジマジと見られても……。まだ、終わってないんですけど……。先生を目の前にして、どうやって拭けと？　しかも、ちょっと後を向くとかしてくれてもいいのに、そういう配慮は全くなし。しかも！　今日、初めて会った担任の先生です。あり得ん！　保育園ではもう絶対、トイレに行かない！　用を足すのなんて五分もかからないのに、なんで、その間くらい見ててくれへんねやろ？　大泣きしている子どもを上手にあやすのが保育園の先生のお仕事でしょう？　そして、トイレから出てくると「しばらくお母さんもミンジュンと一緒に通ってください」と言われてしまいました。やっぱりか。「お母さんがいなくても、すぐに慣れますから、あんまり心配しなくても大丈夫ですよ」とか、そういう言葉を期待していたのに。私は甘かった……。

一カ月、一緒に通いましたが、なかなか保育園に慣れない息子の姿を見て、園長先生は、あきれた顔で「お母さん、今まで文化センターとか通わなかったんですか？」と。だって、まだ一歳の赤ちゃんやのに……。結局、三カ月以上、一緒に保育園に通うはめに。三カ月も一緒に通ったし、さすがに、もう大丈夫だろうと期待していたのですが、期待は大外れで、全然ダメ。私がいないと相変わらずの大泣きです。

園長先生も、もうイライラが抑えられないようで「こんなに毎日、毎日、大声で泣かれたら近所の人たちに、うちの保育園の先生がいじめでもしてるんじゃないか？　って疑われるかもしれないんですよ。そういうこと、ちゃんとお母さんにも知っておいてもらわないと」と言われ、一瞬、耳を疑ったほどです。私は、韓国語が理解できないのか？　いや、園長先生がおっしゃったこと、ちゃんと一〇〇パーセント聞き取れたはず。近所から、うちの息子のことで苦情を言われたわけでもないのに、勝手に妄想して、それを親の私に言うなんて、失礼にも程がある！　私も込み上げてくる怒りを抑えきれず、「じゃ、今から近所の人たちに『うちの息子がうるさくてすいません』と謝りにいったらいいですか？」と言うと、「そこまではしなくてもいいですけど」と。じゃ、私に何を求めていらっしゃるの？　そんなこんなで、園長先生と私は、全く馬が合わず何回バトルしたことでしょう。

やっぱり、保育園に送るのは早すぎたのかな？　息子が私から離れられないのは、愛情が足りなかったからなのかな？　それとも、甘やかしすぎたのかな？　いや、それとも、これが普通のことなのかな？　私も随分と悩み、時には涙し、時には怒り狂い、本当に精神的に大変な日々でした。保育園に通い始めて一年。今でも、朝バイバイするときは、目に涙を浮かべながら「オンマ〜〜〜」と言っていますが、それでも、この一年で随分と成長してくれました。えらいぞ、ミンジュン。ここで生活するためには、赤ちゃんのときから強くないといけないのかな？　そして、お母さんも強くならなければいけないのです。

伝統衣装を着て

第3章

韓国のナナフシギ

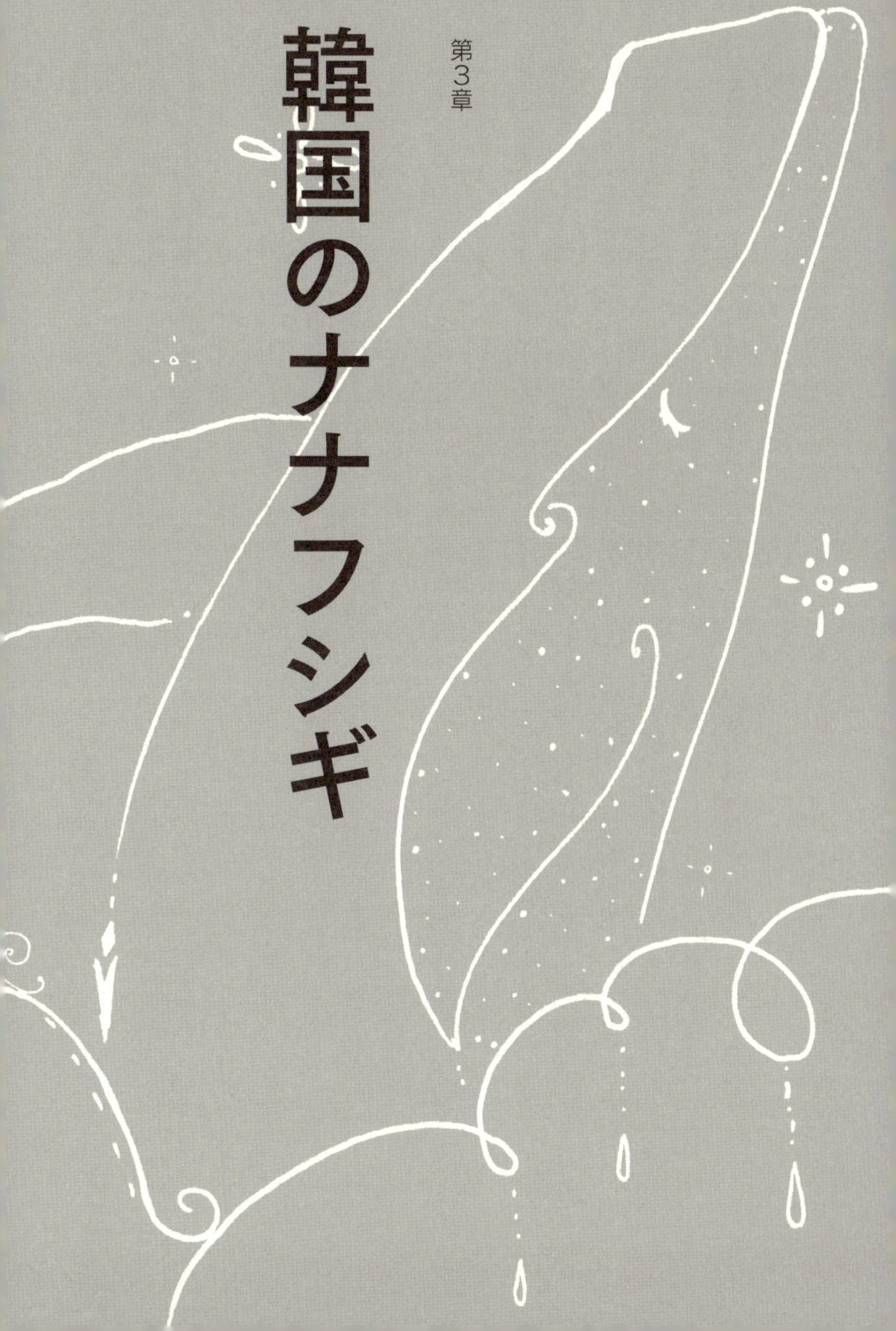

それでも彼女は命の恩人

インテコで日本語を教えるようになってから、今まで本当にたくさんの生徒たちに会いました。いつまでも覚えてる生徒もいれば、顔さえ思い出せない生徒もいるものです。私が今でも忘れられない生徒、キム・テヨンちゃん。今まで、こんな元気な人見たことない！　っていうほど、いつも元気はつらつ。声も、めちゃくちゃデカい！　なにもそんなに大きい声で話さなくても……。そして、何をするにも勢いがあって、教室のドアを開けるときも、ものスゴイ勢いで開けます。ガチャン！「テヨンさん！　そんなに激しくドアを開けると、教室の中にいる人がびっくりしますから、もう少し優しく開けてくださいね」と言っても、永遠に直らない。というより、直す気ゼロ。彼女は耳にタコができるほど同じセリフを毎日、毎日、聞かされているのにもかかわらず、次の日も、また次の日も、同じことを繰り返すのです。しつこくキツい口調で注意する私にビクともせず、何を言われても怯まない大した根性の持ち主です。とってもも気さくで、ちょっと困ったちゃんの彼女。でも、彼女のおかげで、教室はいつも明るい雰囲気でした。

　そんなある日のこと。私はとても体調が悪く、真っ青な顔でいつもの教室の席に座っていると、真っ先にテヨンちゃんが声をかけてくれました。
テヨン「先生、顔色が悪いですね。どうしたんですか？」
私「ちょっと体調が悪くて……」
テヨン「じゃ、私がマッサージしてあげます」
私「え？　マッサージ……？　じゃ、お願いします」
　なぜ、マッサージなのかわけがわからないまま、とりあえずお願いすることにしたのです。が、予想どおり、ものすごい力強いマッサージ。もしかして、私に恨みありませんか？「痛い、痛い！　痛いぃぃぃぃ～！」。そして、なぜか私の腕を、ぎゅーーーっと引き抜こうとするテヨンちゃん。どんなマッサージよ？　本当に腕が抜けるかと思うほどの力強さです。もっと体調、悪くなりそうだよ……。でも、一応、お礼言っておくよ。「あ、ありがとう」。やっとマッサージが終わったかと思ったら、また真剣な顔で「先生！　どこがどんなふうに痛いのか詳しく説明してください」と言うのです。「詳しく説明してください」と言われても。「体が痛くて、吐き気がして、それから……」。私の話が終わりそうになった瞬間、「はい、わかりました。今から薬局に行って薬を買ってきます」と、猛スピードで階段を駆け下りていったテヨンちゃん。「あっ、薬は……大丈夫」と言おうとしたときには、影も形もありません。なんという猛スピードでしょう。思い立ったら、すぐ行動。私もそういうタイプですが、彼女は私よりもはるかに上をいく行動派です。

また、授業中に私が「ダイエットにはさつまいもがいいと聞いたので、最近、さつまいもダイエットをしようかと思っているんです」と話したことがありました。その日の夜、家でゆっくりしていると、ピンポーン！　こんな時間に誰かと思って、恐る恐るドアを開けてみると、テヨンちゃんが大きな段ボール箱を抱えて、満面の笑みで立っているではありませんか！「先生がさつまいもダイエットをしたいと言っていたので、買ってきました。あ、でも、お金のことは心配しなくても大丈夫です。私のママは、保険の営業でどっさりお金を稼いでいるんですよ」と、カードをチラリ。「あ、ありがとう」。テヨンちゃんは、「また、明日インテコで会いましょう」と、あの日と同じように猛スピードで階段を一段飛ばしで下り、あっという間に消えていなくなってしまいました。彼女は、まさに光。

テヨンちゃんは、私の結婚式でも大いに活躍してくれました。韓国で結婚式を挙げたとき、日本から家族が来てくれたのですが、私の母は病気を患い、自分で歩くことさえもままならない状態で、車椅子で参加しました。トイレに行くのもひと苦労。母は昔から腰が悪く、韓国に来る前に、命取りになるかもしれないという大きな手術をしました。飛行機に乗って韓国に来てもホンマに大丈夫かな？　と心配していたのですが、「先生が大丈夫って言ってるから」と、頑なに母が言うので、母の気持ちを尊重し、来てもらうことにしたのです。娘の結婚式、少々体調が悪くても出席したいという母の気持ちもわかります。もちろん、私だって来てほしい。

でも、心配……そんなとき、テヨンちゃんがずっと母の傍に寄り添って世話をしてくれたのです。どれほどありがたくて、心強かったことか……。母は、チマチョゴリを着て高いヒールを履いていたのですが、ヒールを履いたことで背中に無理がきたのか、急に体調が悪化。車椅子に座って、うつ向いたままグッタリした状態です。「お母さん？」と呼んでみても、反応なし。「お母さん？」、「お母さん？」。母は必死に顔を上げて私のウエディングドレス姿を見るのですが、無表情。何がなんだかさっぱりわかっていない様子です。

食事の時間にも、テーブルの上に置いてあるナプキンを食べ出したり、明らかにおかしい。もう私は結婚式どころじゃありません。結婚式の真っ最中。人生でいちばん幸せな瞬間のはずが……悲劇。嘘でも笑えない……母をどうしたらいいのか？　でも、今日は私が主人公。抜け出すわけにはいきません。そんなとき、テヨンちゃんが気を利かせて、母を家まで連れて帰ってくれました。母は、即帰国、即病院行き、即集中治療室行き。状態がかなり悪かったらしく、「よく生きて帰ってきたな……」と先生。どれくらい集中治療室にいたでしょう？　結構長い間お世話になった気がします。私は気が気でない毎日。ナプキンを食べたり、チンプンカンプンなことを言い出したり……病気がきっかけでアルツハイマーでも始まったのかと本当に心配したほどです。今でも腰の痛みとの闘いは続いていますが、それでも随分元気を取り戻してくれました。本当に周りの人にいろいろと助けていただいたおかげ。そして、誰よりテヨンちゃんに感謝です。

テヨンちゃんと出会ってから、彼女とはいろんなことがあり、私の中ではすごく特別な存在でした。半端なく明るくて、前向き。私が入る隙間もないほどのマシンガントーク。その上、早口。情に厚い。変わり者。つかみどころがない。彼女をひと言で言い表すことはできないのですが、とにかく私は彼女のことが大好きで、惚れ込んでしまっていました。一緒にいると、とにかく楽しい。私もおしゃべりが大好きな関西人なのですが、彼女に会うと、私はチーン。人に話す機会を一切与えない彼女は、いったい、何者？　でも、不思議と「自分の話ばっかりしやがって！」みたいな気持ちにはならないんですね……。そんな彼女の魅力に取りつかれてしまった私は、まるで自慢の彼氏のように彼女を誰にでも紹介したくなるのです。日本人の友達が韓国に遊びにきてくれる度に、「紹介したい人がいるんやけどさ～」と。友達は、全然知らない人を急に紹介されても……って、内心思ってるかもしれないけど。

ある日、福井のお友達が遊びにきてくれました。彼女もテヨンちゃんに負けないくらい元気で、ポジティブな心の持ち主。おしゃべりも負けません。福井弁って、アクセントがものすごく強くて、日本語を話しているのに、韓国語みたい。主人は彼女の日本語を聞いて、「北朝鮮の言葉、聞いてるみたい」と言っていましたが、ほかの人も同じことを言っていたので、本当にそうなのかも？　私も最近は彼女の日本語に慣れましたが、最初は外国語を聞くときみたいに集中しないと聞けなかったほどです。日本語なのに、なんでこんなに難しいのか……。私もバリバリの関西弁スピーカーですが、ほかの地域の方言聞くのって、おもしろい！　そんな彼女は、どこかテヨンちゃんに重なるところがあります。これは、紹介するしかないっ！　早速紹介すると、意気投合！　やっぱり！　初対面なのに、そんなにしゃべることあるか？　というくらい、二人の話は止まりません。NON　STOP！　関西人も、韓国人と福井県民には勝てず……変なジェラシーを感じるほど、二人は盛り上がり、連絡先まで交換し、彼女が日本に帰国したあとも、毎日、毎日連絡をとっていたようです。カップルか。二人は、ホントにマメ子ちゃん。一日に何回もメール……私には、できん。

そして、彼女は、またすぐ韓国に遊びにくることになったのです。私に会いに……いや、テヨンちゃんに会いに？　テヨンちゃんも、彼女に会うことを心待ちにしているようでした。会う前日までメールのやりとり。「じゃ、明日、十二時に○○の前でね！　楽しみにしてる」。そして、当日。何時間待っても、テヨンちゃんは来ない。連絡もとれない。何かあったんじゃないかと心配になります。事故にでも巻き込まれたんやろうか？　変な人に連れ去られたんじゃないやろうか？　それとも、急に具合が悪くなったとか？　急用ができた？　何度、連絡しても連絡はとれません。私も彼女もしつこく、「何かあった？」、「大丈夫？」とメッセージを送ってみても、相変わらず返信はなし。メッセージを読んでいる形跡もありません。ちょうどそれから一カ月くらい経ったころ、「既読」になり、メッセージを読んでることが発覚。腹立たしい気持ち半分、安心半分。でも、なかなか連絡する気にはなれず……。どうしたもんやろう？　そんなとき、福井の彼女から連絡が来て、「テヨンちゃんに送ったメッセージ、既読になってたからメッセージ送ってみたけど、返事なかったわ。あ、それとテヨンちゃんに買ってきてって頼まれてた日本のカレー、悪いけど、ミナちゃん食べてくれる？　韓国では、こういうこともあるって聞いてたけど、実際自分が経験したらショックやね」と、彼女。

悲しいけれど、こういうこと時々あるんですね。テヨンちゃんに限らず、何回か経験してきました。私は、ある意味、慣れっこ。慣れないと生きていけない。私も最初は、「人との約束をなんやと思ってんのよ！」と怒りの気持ちを抑えきれず、約束を守ってもらえなかったことに対して一日中イライラしていましたが、今は、「またか……」という感じ。ただ、相手がテヨンちゃんだったことが残念です。本当に残念。あなたがそんな人だと思いたくない……。人生、明日は何が起こるかわからないし、約束も守れないことだってあると思います。それは私だって同じ。大事な約束なのに、その日に限って朝寝坊しちゃったってこともあるかもしれません。それは、それで仕方ないこと。相手だって悪魔じゃないんだから、ちゃんと謝ればわかってくれるはずです。ただ、どうしてあの日、来れなかったのか？　どうして、メッセージを読んでも返事をくれないのか？　今でも時々、そんなことが頭をよぎります。「ごめん」、そうひと言、言ってくれれば、すべては解決するのに。

主人に「う〜ん。やっぱり、腑に落ちんな……」と言うと、「……でも、テヨンちゃんは、ミナコのお母さんの命の恩人やで」と。確かに……。だから私は複雑なんだよ！　いったい、彼女に何があったのか？　未だ謎に包まれたままです。

尿を出してきます？

韓国には日本語を上手に話せる人がたくさんいます。日本に行ったこともないのに、ペラペラと、それはそれは日本人のように流暢に日本語を話す人もいて、時々びっくりさせられることもあります。でも、やっぱり日本人じゃないから、発音とか表現が難しかったりするんですよね。韓国人には「つ」と「ざ、じ、ず、ぜ、ぞ」の発音が難しいようです。この発音を正しくできる人がいると「よっ！　日本人！」と拍手を送りたくなってしまう私です。

私が言うのもなんですが、私の主人は、とっても日本語が上手なんです。私は主人にもおかまいなく関西弁でしゃべるので、主人もいつの間にか関西弁になってしまいました。仕事でも日本語を使うので、ビジネス日本語もできるし、日本語に関しては、なかなかのやり手。でも、時々へんてこな日本語が顔を出します。新婚当時、引っ越して間もないころ、せっせと忙しく片づけをしている私に「ちゅるぎは、お母さんがくれるって言ってたから」と言ったのです。「つるぎ（主人も「つ」の発音が苦手）？　なんで、お義母さんがつるぎくれんの？　つるぎって、いつ使うん?」。つるぎ? 剣《つるぎ》? あ〜、包丁ね。「包丁」は、初級日本語単語だぞ! まったく!

へんてこ日本語、その②。日本語会話の授業中のお話です。日本が大好きで、すごく日本語が上手な双子の高校生がいたのですが、その双子にこんな質問をしてみました。

私「遊園地に行ったら、何に乗りたいですか?」

生徒(真剣な顔で)「回転木馬に乗りたいです」

私「回転木馬? あ〜ぁ……メリーゴーランドですね」

一瞬、教室に昭和の空気が……。回転木馬かぁ。笑ってはいけないのですが、笑いをこらえきれず、思わず爆笑。自分が先生の立場であるということも忘れ、「日本人の彼女ができて一緒に遊園地に行ったら、回転木馬に乗ろうよ! って、言ってみて〜言ってみて〜」なんて完全に学生のノリで言ってしまう私は、先生失格。彼は、真っ赤な顔をして恥ずかしそうにしていましたが、すぐ調子に乗ってしまう私、やっぱりこれも関西の血か?

へんてこ日本語、その③。インテコで一緒に日本語を教えていた韓国人の先生のお話です。その先生は日本留学をして、現地で徹底的に日本語を学び、今は立派な先生になられたわけなんですが、そんな彼女も日本に留学中、いろんな苦い体験をしたそうです。真面目な性格の彼女は、授業で習った単語や表現を、できるだけ実際の会話で使おうと努力していたそうです。そんな勉強熱心な彼女が大学の教授と研究室で話をしていたときのこと。急にトイレに行きたくなって、そういえばこういうときに使う表現習った気がするんだけど、なんだったたっけな……？　そして、「先生、ちょっと尿を出してきます」と言ってしまったんです、と。「尿を出す」？　もちろん彼女が言いたかったのは、「用を足す」。教授もなんと返事をしていいかわからず、しばらく固まっていた、と彼女。そりゃ固まるわ！　日本人はなんでも遠まわしに言う国民なのに、どうしてトイレに行くときだけこんな直接的な表現を使うのかな？　と不思議に思っていました、と。そんなわけないやん！　彼女は私といい勝負の天然ボケ。

彼女の話になると、きりがありません。休憩中に私が「あ～おなかすいた。なんで、食べても食べても、おなかがすくんかな？　おなかに虫でも住んでるんかな？」と、ひとりつぶやいていると「え？　おなかに虫が住んでるんですか？　虫って、もしかして、アリですか？」と。「アリですか？」って言われても……。返事に困ってる私に「アリじゃなかったら、なんの虫ですか？　と、しつこく突っ込んでくる彼女。私のおなかに住みついている虫の種類が気になって仕方がないようです。「だから！　虫っていうのはね……」と言いかけると、隣で私たちの会話を聞いていた院長先生が「二人の会話、全然成り立ってないんだけど。なんの虫とかじゃなくて、そういう表現があるの！」と、私の代わりに突っ込んでくれました。やっぱり、外国語は難しい。私の韓国語も韓国人からしたら相当笑えるんやろうな。外国語の勉強に終わりなし。

韓国人男子は世界一アツイ！

韓国には、열 번 찍어 안 넘어가는 나무 없다（十回切ったら切れない木はない）ということわざがあります。つまり、「どんなに強い木でも十回切ったら、必ず切れる」という意味です。韓国の男性は恋愛をすると、好きな女性をこの木にあてはめ、何度もアタックしたら、その恋は必ず実ると信じて、振られても、振られても、何度も根気よくアタックするのです。よく言えば、情熱的。悪く言えば、しつこい。「もう、警察呼ぶぞ！」って、レベルです。二、三回振られるなんてことは当たり前のこと。そんなん振られたうちに入らん？ 韓国人男子、強し。あきらめずに積極的にアタックすると、相手は必ず自分のことを好きになってくれると心底信じてやまないのです。これは、宗教の力か……？ と思うくらい。韓国の男性は、とにかくアツイ！「嫌い」と言われても、「嫌いは好きの裏返しや～」と、ポジティブに考えるのでしょう。女性のほうも、相手のことが好きでも、なかなか一回ではＹＥＳの返事をしません。相手の本気度がどれくらいか確かめるため、一回の告白ではＯＫしないんだとか。一回断って、それ以上来てくれなかったら、私への気持ちはそれくらいのものだったのか……とガックリす

るそうです。なんか、いろいろややこしいな、韓国の恋愛事情。プライド高すぎ！　好きなんやったら、もったいぶらんと、正直に好きってゆったらええやん！　と、思ってしまいますが……。そんな回り道、必要か？　男性は好きな人ができたら、相当気合を入れて何度も告白しないといけないから疲れそう。そういえば、愛しの主人も、私と結婚する前に大好きだった人がいたらしく、「五回以上、告白したけどダメだった」という話を聞いたことがありました。五回以上告白してもダメなら、それは本気でダメなんでしょう。お疲れさん。

そんな主人は「ミナコは韓国人受けする顔じゃない」と、いつも口癖のように言っていますが、自慢じゃないけど、私だって独身のときは、結構モテましたよ～韓国人男子に。でも、モテ期が来た！　なんて喜んでいられるのは束の間。私は、人生初のすごい体験をすることになったのです。当時、私は韓国に来て間もないころで、韓国語もわからなければ、韓国の文化もわからないし、ましてや韓国人男性についてなんて知る由もありません。でも、韓国人の男性は自分の気持ちにまっすぐで「押しと引きの恋愛ゲーム」みたいなものは全く通用せず、とても積極的だということだけは、噂で聞いて知っていました。「好き」だと思ったら、言葉で伝える。そして、態度で表す。「会いたい」と思ったら、即、行動に移す。男らしくて素敵だなと思う反面、自分の気持ちに酔いしれて、ちょっと怖いなと思うことも。

私を気に入ってくれていた人も、まさしくこんな感じでした。なんたって、押しが強すぎる。

生徒①　付き合ってもないのに、毎日毎日、一日何十回の電話（お付き合いしていても、これは勘弁）、電話に出なかったら「今、家の前にいます。出てきてください」とメッセージが届き……それも、朝の六時前。当時、朝の六時からインテコで授業があったので、学院まで車で送ってくれるというのです。気持ちはありがたいけど、それは困る！　だって、先生や生徒に見られたら、完全に「朝帰り」と思われるじゃないか～。かっこいい男ならまだしも、あなたとは嫌（笑）！　断っても、もちろん、こんなことくらいでは、めげません。やっぱり彼も韓国の男です。

当時、生徒みんなに「日記ノート」をプレゼントしていました。毎日、日本語で日記をつけることは文法の勉強にもなるし、何より私は生徒の日常生活に興味津々だったのです。人が大好きな私は、韓国人みたいに他人のプライベートが知りたくて、知りたくて仕方のないちょっと珍しい日本人。日記には日常生活について書いてもらっていました。毎日、どんなことをして、どんなことを感じて生きているのか？　韓国人は、自分の感情を文字にするのがとても上手。自分の気持ちを表現するのが上手なのでしょう。フムフム……。今日は、こんなことがあったのか～。日記を通して、生徒とコミュニケーションをするのもなかなか楽しい。小学校のとき、友達としていた交換日記みたいで、生徒の日記を読むことは私にとって、どこか懐かしくワクワクさせてくれるものでした。

私も以前、韓国語を学び始めたとき、毎日、韓国語で日記を書いて先生にチェックしてもら

っていたのですが、二、三行書くのに、軽く一時間はかかり、イライラしたほどです。その内容も……선생님은 원빈을 좋아하세요? 저는 많이 좋아해요! 끝! （先生はウォンビンが好きですか？　私は大スキです！　終）果たして、これは日記といえるんか？

話がだいぶそれてしまいましたが、その彼も毎日、真面目に日記を書いて提出していました。でも、その内容は、毎日だいたい同じ。「先生が僕と付き合ってくれなかったら、僕は学院を辞めようと思います。それでもいいですか？」。それでもいいですか？　ど～ゆうことよ？　どーぞ、どーぞ。お辞めになって。頼むから辞めてくれ。……って、この日記、脅迫？　その後、クラスメート全員に「先生と付き合いたいから協力してくれ」と電話をかけまくっていたそうなんですが、どうやって、協力しろと？　あなたがなんとしてでも私を手に入れたい気持ちはわかりました。こんな私を好きだと言ってくれて、ありがとう。こんな私に、あなたの中のすべての情熱を注いでくれて、本当にありがとう。でも、何かが……違う。素直に喜べないのは、どうしてだろう？

生徒②　授業が終わったら、いつも「一緒に帰ろう」と誘ってくれる生徒がいました。毎回断っていたら、そのうちお誘いがなくなり、おっ！　この人はあきらめが早いな、なかなか空気が読める男やん！　と思っていた矢先、今度は、昼間、私が通っていた大学の前で待ち伏せが始まりました。どうして、私が大学に通っていることを知っているのか……。彼は、いつも大学の正門前で私がバスから降りてくるのを待っていました。私は、「また今日もいる」と恐怖でゾクゾクしながら、彼の横を素通り……無視されても、そんなことは、まるでおかまいなしです。私だって、無視したいわけじゃない。でも、前の人といい、この人といい、もう、この韓国人男子のしつこさにはうんざりだったのです。横にベッタリくっついてきて、金魚のフンのように教室までついてくる彼。気まずいったらありゃしない。でも、何も話したくない。「私から話しかけたら終わり」、わけのわからない敵対心まで湧いてきます。相手に無視され続けても、全く気にしない。動じない。すごい度胸！　ある意味、見習いたいくらいです。でも、相手の気持ちは？　どうでもいいの？　好きなら、せめて相手に嫌われないように……そう思うのが普通のような気がするのですが……そんな配慮、微塵も感じられません。こんな毎日が続き、さすがに私のストレスもピークに。私は普段、気に入らないことがあっても、相手にストレートに言うタイプではありません。できるだけ相手を傷つけないように、優しくオブラートに包んで話すように心がけているのですが、今回ばかりは我慢できない！　「興味のない人」が、だんだん「大嫌いな人」に近づいていく。ここまで来たら、もう、はっきり言うしかない！　「こんなことしても、あなたも時間を無駄にするだけだし、私も困るんですけど」と最大限の勇気を振り絞って言ってみると、彼はクールにひと言、「いえ、僕は大丈夫です」と言い放ったのです。いやいや……だーかーら！　「僕」の話じゃなくて、私が困るのよっ。

その数日後、「話があるんです」と彼が言ってきました。「わかりました」。もう待ち伏せ攻撃はやめるつもりなのか？　もう何もかも終わりにしたい……って、何か始まったわけでもなんでもないんですが、このストーカーのような行為を今すぐやめてほしくて、ちゃんとお話をする必要があると思っての決断。「じゃ、カフェに行ってお茶でもしましょう。でも、一緒にお茶をするのは、今日限りです。その約束を守ってくれるんだったら行きましょう」と。おまえは何者や？　うぬぼれるなよ！　という声が聞こえてきそうですが、でも、こっちの人には、はっきり言わないとわからないんです。私の表情&行動を見て、あなたに興味がないことわかってね、というのはルール違反。「また、機会があったら……」と言われると、普通、日本人なら、ちょっと微妙な気持ちになる。そうですよね？　機会は作るものでしょう？　私に興味があるとは思いにくい。でも、韓国人に同じセリフを言うと、「じゃ、来週の月曜日？　火曜日？　それとも、週末？」みたいなノリになってしまうんですよね。だから相手に誤解されないためにも、ちゃんと話す必要があると思いまして……。

カフェに着いて、席に座るなり、

「僕、好きな人がいるんですが、その人は先生で、僕より十歳も年上なんです」

「……私のこと、好きなんですか？」（とは、聞けん。ここは、我慢！　我慢！）

「そうですか……それで？」

「僕は、その人と結婚したいんですが、でも……年のことを両親に言ったら、絶対反対されるに決まっているし」

「（なんの話？）そうなんですね。十歳も年上のおばさんなんて、やめといたほうがいいですよ。おばさん、おばさん！　ところで、話って、それだけですか？　じゃ、私は帰ります。さよなら」

初のお茶会、十分で終了。付き合ってもないのに、結婚……ですか。私は、あなたのことが好きで、二人の間には結婚話が出ているという前提になってる？　どこまで、話が飛んじゃうんでしょう？　それなら、まだ、はっきり「好き」だと告白されるほうがましだった。鳥肌が立って、震えが止まらなかったので、逃げました（笑）。一刻も早く家に戻りたい。

こんな事件がちょこちょこあり、最初は、私もまだまだ捨てたもんじゃないな～なんて、正直うれしさ半分でしたが、だんだんエスカレートしていくことが怖くて、悩みに悩んだ末、院長先生に相談することにしたのです。私が深刻な顔で「先生、相談があるんですが……」と悩みを打ち明けたところ、「ミナコのどこがそんなにいいんだろうね？」と、ひと言。笑い飛ばされてしまうという悲劇の結末。「ミナコのどこが？　そんなに？　そうですよね～」。まさか、そんな返事が返ってくるとは夢にも思いませんでしたが（笑）。韓国人からすると、とんでもない自慢話に聞こえたのでしょう。韓国人の女性にとっては、彼は私のことをこんなに愛してくれているんだ～と情熱的に映るのでしょうか？　でも、日本人女性にとっては逆効果。少なくとも私には。

って、なんか、自分の自慢話オンパレードみたいになってしまいましたが……。そういうつもりじゃ……。韓国人男子は、ホントに情熱的、というか、押しが強いというか、つまりは、そういうことを伝えたかったのです。当時は、ちょっぴり人生のモテ期を経験しましたが、今は、誰一人、私に興味を持ってくれやしない。結婚をして、おばちゃんになろうものなら誰も振り向きもしてくれないという現実。顔には弾力がなくなり、たるみ、そして、しわ。おばさん、まっしぐら。でも、この現実を受け入れられない私です。人生、もう一度だけでいいからモテてみたい。アラフォーミナコの切実な願い（泣）。

私の話は置いといて、好きな人ができたらこんなに一生懸命になれる韓国人だから、付き合うことになったら、とても大切にしてくれます。紳士で、マメで、それは結婚してからも、ず～っと続きます。韓国では、奥さんに毎日電話をするのは当たり前。マメな人なら、一日三回くらい？　私も新婚のときは、一日三回くらい電話があったような記憶がありますが、今は……。うちの主人は例外？　マメ男だと思いきや、そうではなかったのか。「釣った魚には餌をやらない」、なんてヒドイ男なんだ！　当時、私が一人で遠出するときなんかは、十回くらい電話がかかってきて、もう、うっとうしいくらいだったのに、今はゼロ。結婚生活、五年目。愛はどこに消え去ってしまったのか？　仕方なく、最近は私が毎日電話しています。しかも、一日に二、三回。実は、私も韓国の男に負けないくらい、しつこい女（笑）。「もう、しつこいっ！」と思うほど、思いっきり愛を感じてみたい人は、韓国人の男性と恋愛してみるのもいいかもしれません。日本人の男性とはまたひと味違った恋愛を楽しめること間違いなし！

整形手術のプレゼント

韓国人女性は美意識がとても高い。何歳になっても美しくいたいと思うのは、とても素晴らしいことだと思います。美しくなりたい！　それは、どこの国の女性も万国共通だと思いますが、韓国では、その美しさを手に入れるため、簡単に整形手術をしちゃいます。日本では、整形手術はまだまだ一般的ではないような気がしますが、韓国では目の二重手術をすることなんて整形のうちに入らない？　両親が高校卒業のお祝いに整形手術代をプレゼントするというから驚きです。うちの母なんて、「親からもらった顔に傷をつけるなんて！」と、ピアスを開けることさえも反対でしたが、オンマは、主人に「さっさと目を大きくする手術しなさい！　目が小さすぎる！」と、時々言っています。本気なんでしょうか？　多分、半々かな。「妊娠してるとき、つわりがひどくて、あんまり栄養を摂れなかったから、こんなに目が小さくなってしまったのかしら？」と、本気で言うオンマ。いやいや……そんなことないですよ～って、そんなわけないやろっ！

韓国のお母さんは「外見が美しいと世の中うまく渡っていける」と思うのに対して、日本のお母さんは「自分が痛い思いをして産んだ子どもの体を傷つけられたくない！」と思うんですね。日韓のお母さんの考え方は、まるで正反対です。そういえば、私も「どうして、顔のほくろとらないの？」と、何度か言われたことがあります。ほくろもチャームポイントのひとつくらいに思っていたのに、ガックリ。「手術しなくても、ほくろとれるよ」なんて、丁寧にほくろのとり方まで教えてくれたり……。ありがたいというか、おせっかいというか。

整形手術といえば、ほくろをとったり、顔のえらをとったりといろんな手術がありますが、やっぱり、どれも、それなりに危険は伴うようです。じゃ、どうして、そこまで整形にこだわるのか？　私は、韓国の社会がそうしてしまったんじゃないかと思っています。韓国では、外見は成績と同じくらい重要。つまり、見た目がとても大切なんです。「面接試験に合格するためには整形しないといけないんです」という話を何度か耳にしたことがあります。以前、私が教えていた生徒さんも「来月、面接があるので、ダイエットをして十キロやせました」と。面接のために十キロやせられるなんてスゴイ。面接を受けるためには、顔だけでなく、体のラインも美しくして面接に臨まなければいけないのか！　でも、どんな基準で「美しい」か「美しくない」かを決めるのでしょう？　もしかして、面接官の好み？　私が面接を受けたら、一次試験で落とされること間違いなし。それにしても、今から子どもの将来が心配になります。将来、子どもが整形したいと言い出したら？　私はどうしたら……？　私からしたら、あなたは、どこの誰よりもかっこいい王子様よ。それなのに……それなのに。主人に「ミンジュンが大きくなって、整形したいって言い出したらどうする？」と、聞いてみると、あっさり「いいやん」と、言われてしまいました。やっぱりね、そう言うと思っていましたよ……。意外なところで国際結婚の難しさを感じたりしている今日このごろです。

私は、若いときは頑固なニキビに悩まされ、今でも顔にはニキビ跡。アラフォーの今現在は、しわ、たるみ、ほうれい線、眉間のしわ……やっぱり、年には勝てない！　出産してから老化がさらに進み、今では救いようのないくらいオババの顔。昔の写真を見ては、ため息が止まらない日々。出産前に気に入って着ていた服も、勇気を出して全部捨てました。もったいないけど、今、これを着てしまったら、どう見ても必死に若作りしてるオバサンにしか見えない。これはいかん。若さは宝、若いってだけで美しい。若いってだけで、素晴らしい。息子の肌と取り換えてくれたら、私はどれだけ美しいお嬢さんになれるだろうか……フフフ。時々、そんな妄想を楽しみながら……若かりしころに戻りたい！　一つだけ願いが叶うなら、神様にそうお願いしたい。でも、だからといって、整形しよか？　という気には到底なりません。アラフォーのおばさんが二十代の女子のような顔をしているのも怖いし、何よりも、整形して、次の日から生まれ変わって新しい顔と人生を共にするのも抵抗があります。周りの人に「きれいだね」、「かわいいね」とささやかれても、性格の曲がっている私は「整形した顔やからや。元々はブスなんや」と思い、ふてくされてしまいそうだからです。それに、整形したところでDNAまでは変えられない。パッチリ二重にしてもらっても、生まれてくる子どもは、細い一重の目だということです。

自慢じゃないですが、ここ最近、整形した目かどうかひと目で見分けられる技術を身につけました。ウシシ……。個人的には整形は反対派ですが、整形をして、その人が幸せになれるんだったら、それはそれでいいのかな、という気もします。でも……ミンジュンには整形してほしくない。彼も、アッパ（パパ）の生き写しのような顔をしていて、それはそれはキレイな一重をしていますが、いつの日にか本気で「二重にしたい」と言い出すんじゃないかと、今からハラハラドキドキの私（ほんまに余計な心配）。息子よ、覚えておきなさい。韓国では二重の男はモテないぞ！　でも、もし、次、我が家に女の子が誕生したら、二重でありますように……と内心、祈っている私であります。

WE LOVE AMERICANS

出産してからは子育てのため、インテコで働くのが難しくなり、息子を保育園に預けている間だけプライベートレッスンをしたり、会社で日本語を教えたりしている私。インテコを含め、普通、学院の授業は朝と夜で、一限目の授業は早朝の六時から始まります。学生は学院で授業を受けてから学校に行き、会社員も同じく、授業を受けてから出勤するわけです。ホントにすごい！　睡眠時間を削ってでも勉強する韓国人は、やっぱり、真の勉強家。一秒でも長く寝ていたい私とはエライ違い……。

さっきもちらっと触れましたが、出張授業やプライベートレッスンは、お給料が結構いいのです。インテコにいたときよりも、働いてる時間は三分の一なのに、お給料は二倍以上。日本では、こんなおいしい仕事はなかなかないと思うし、やっぱり、これがネイティブの特権といえるでしょう。でも、日本語と比べものにならないくらい、おいしいお仕事はネイティブの英語の先生です。韓国人は、英語教育にとても力を入れているのです。英語は世界の共通語だし、もちろん必要なのはわかるけど、ちょ～っとやりすぎじゃあ～りませんか？　と、内心そう思っているのですが。韓国では就職するとき、英語とは全く関係のない会社でも、入社試験のときにはＴＯＥＩＣの点数が必要だったりします。どうして？　しかも、九百九十点満点で、九百点以上の人はザラにいます。だからといって、英語が流暢に話せるかっていったら、それはまた全く別の話ですが、それでも、九百点取ろうと思ったら、相当の努力が必要なことは言うまでもないですよね。

英語は日本語と違って、学院の授業料も高いけど、それでも需要はいっぱいあるから、必然的に先生のお給料も高くなります。ネイティブの先生なら、なおさら。学院の授業にプラスして、空いてる時間にプライベートレッスンなんかしたら、お給料すごいことになるやろうな～

と思い、主人に「英語のネイティブの先生って、一カ月どれくらいお給料もらってるんかなぁ～?」と聞いてみると、「ソウルやったら、百万円くらいもらってるんちゃう?」と言うのです。うわぉ。あ、でも、これは単に主人の予想に過ぎず、なんの根拠もありませんが、給料がかなりいいことは間違いなさそうです。実は、私も日本でチラッと英会話講師をかじったことがあるのですが、当時、時給は二千円でした。日本では、時給二千円ってかなりいいと思うのですが、二千円稼ごうと思ったら、こんなに大変なのか……と思うほど研修が地獄のように厳しく、あまりのつらさで、研修中に思わずポロリと涙をこぼしてしまった私。何歳や!

私がカフェで日本語のプライベートレッスンをしていると、隣で英語の授業をしていることがあるのですが、ネイティブの先生一人に、おばさんたちが何人も集まってきます。ぱっと見た感じ、十人くらいはいたかな? さすが英語パワー! まず、おばさんが先生のコーヒーを買って差し出し……先生は自分ではコーヒー代は出さないのね……それで、どんな授業するんやろ? なんでもかでも気になる私は、日本語の授業をする傍ら、耳をダンボにして隣のお話を聞いていたのです。先生はうれしそうに自分のガールフレンドの話ばかり。やたらと「ガールフレンド、ガールフレンド」という言葉が耳につきます。付き合い始めて間もないからなのか、その話でもちきり。なぜか、隣で聞いてる私がイラッとしてしまうほど。ん? この話、どっかで聞いたことがある気がするぞ……。大学で韓国語を勉強していたときのクラスメートのあのジャイアントアメリカ人の顔がチラつく。それがイライラの原因か? ワイフやらガールフレンドやら、なんでもいいけど、もうちょっと空気読んでくれんかな？　みんな、ここに勉強をしに集まってるんですよ！　って、私には関係ないけどね。

授業が終わると、おばさんたちは一人ひとり財布を取り出し、現金を先生に渡していました。うわぁ～すごい。英語となると高い授業料を払って、ガールフレンドの話を聞きにこんなに人が集まってくるのか……。英語が必要なのはもちろんのこと、韓国人はアメリカ人が大好き。以前、高校で授業をしたときに「もう一度生まれ変わったら、どこの国の人に生まれたいですか？」と質問したことがあったのですが、九〇パーセント以上はアメリカ人という答えでした。全部で十五クラスまわりましたが、どのクラスでも同じ。驚きの結果です。アメリカ人になりたいんか……。憧れのビッグカントリー「アメリカ」。私も、好きか嫌いかっていわれたら好きですよ～。いや、実はそんなレベルじゃなく、大スキ。だって、私は英語が大好きなんです。英語を話せるだけでかっこいいと思うし、金髪に青い目っていうのも魅力のひとつ。それだけでセクシー。ゾクゾクする（笑）。アメリカ人の男がアジア人女性のストレートな黒髪と小さい一重の目を見て、エキゾチックだと思うのと同じです。結局、ないものねだり？　それに、英語の名前もかっこいい。正直、私は昔からアメリカ人の「トーマスさん（架空の人物）」と結婚するのが夢だったんです。結婚したら、「ミナコ・トーマス」。あ～いいな、この名前。最高！　何歳になってもミーハーな私。救いようがありません。私も生まれ変わったら、次はアメリカ人？　いや、やっぱり日本人やな。海外で生活するようになって、愛国心がもっと強くなりました。自分の国を愛せるのは、とても幸せなこと。そして、何より私は日本人に生まれてきたことに誇りを持っています。

テディベアと一緒

第4章

大韓民国は、オンマ（お母さん）を中心に回っている

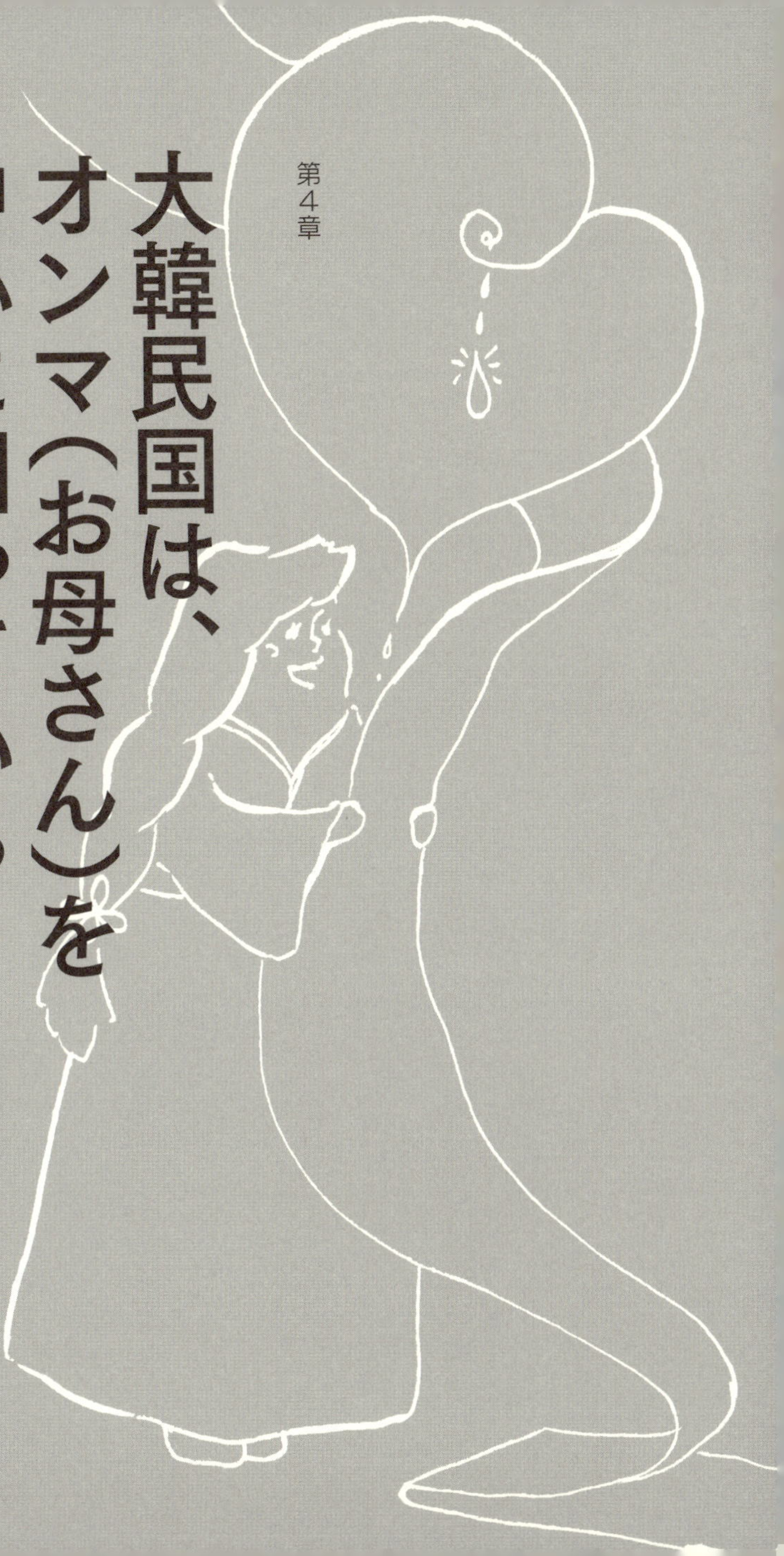

韓国のオンマ

韓国のオンマは、いろんな意味ですごい。もちろん、すべてのオンマにあてはまるわけではないけど、家族への愛情が半端なく強い、よく働く、何にでも干渉する。それから、声がデカい。こんな感じで、うちのオンマもまさしくこんな感じの韓国のオンマです。

韓国では結婚すると、お義母さんとの関係、つまり嫁姑関係がとても大切。週に何回も電話をかけて安否確認をしたり、家に行ったり来たりすることは、普通のこと。びっくりなことに、お義母さんが息子夫婦の家の合鍵を持ってるなんてことは、珍しいことではありません。ちなみに、うちのオンマも家のドアの暗証番号を知っていて、何か用があってうちに来るときには、掃除してくれたり、洗濯物をたたんでくれたり……。私のパンツまできれいにたたまれている……なんともいえないキモチ。素直に「ありがとうございます」と言えばいいのか、それとも、「すいません〜私の下着までたたんでいただいて〜」と謝るべきか？　それとも、敢えて何も言わないほうがいいのか？　悩む。お友達のお義母さんも彼女の家の合鍵を持っているそうなんですが、シャワーから出てきたら、オンマが部屋で待ってた！　なんてこともあったそうで

す。そりゃ、ビックリする。
とにかく、プライベートなところまでグイグイ果てしなく入ってくる韓国のオンマ。そして、嫁は何をしていても、常にオンマのことをいちばんに考えなければいけません。時々、携態を見ると、オンマから着信が残っていて、急いでかけ直すと、決まっていつも「なんで電話出なかったの！」とちょっぴりお怒りモード。口癖のように「なんで電話に出ないの？」と言われますが、私だって出られないときもあるのよ！　と言いたい！　何があっても、何をしていても、誰といても、オンマのことは最優先しないといけない重要な存在なのです。
両親の日や、お義父さん&お義母さんの誕生日は、決して忘れてはいけないビッグイベント。私たちは、たいていプレゼントと現金を準備して家に招待し、手料理でおもてなしをするのですが、オンマに手料理を披露するのはなかなか勇気が要ることなのです。オンマは、とても料理上手な人なので、私の料理は、なかなかほめてもらえず……オンマに「おいしい」と言ってもらうのは至難の業。だいたい感想なしか、こんなもんね、くらいの感じです。お世辞でもいいから、たまには「おいしい」と言ってほしい……また、味付けがオンマの口に合わないときは、これは薄いだとか濃いだとか、遠慮は一切なし。韓国では、嫁だからといって気を遣ったりせず、いつも直球です。時々、胸にグサッ！ グサグサ！ と来ますが、反面、嫁だからと気を遣われるよりいいのかも？ と最近思えるようになった私。いや……そう思うようにマインドコントロールしているといったほうが正しいかもしれません。

オンマは、料理にはかなりのこだわりがあるようです。「料理は好きじゃない！」と言いながらも、ほぼ外食をしないことを思うと、やっぱり、なんだかんだ言っても、料理が好きなんでしょう。韓国の食堂は安くて、おいしいものが食べられるのに、外食を利用しないなんて損！ 損！ っていうのは、私の考え？ ……といっても、蔚山《ウルサン》はほかの地域に比べて物価がかなり高いんですよね。もちろん節約ということもあると思いますが、オンマは、自分の作った料理がいちばんだと自負しているのです。家に遊びにいくと、いつも、おいしい料理で心満たされている私。一週間に一度の栄養補給。ごはんもおかずも、それはそれはすごい量で、もちろん残すことなんてことは許されません。もうおなかいっぱいで、スカートがはち切れそうなのに、食事が終わったら、果物やアイスやパンやお菓子など、いろんなものが登場します。そして、「何もう、おなかいっぱいです」と言ったら、決まって急に不機嫌になるオンマ。そして、「何が食べれないのよ！　果物は水と一緒よ。早く食べなさい」と、いつも同じセリフ。果物もアイスも、オンマからしたら、みんな水なんですね。（実際、そうやったらいいな～果物もアイスもカロリーゼロやったら、毎日食べたい！）それでも断り続けると、今度は、口にまで運んでくれる超強引なオンマ。結局どんなに抵抗しても、「食べる」以外の選択肢はないということです。本当に食べたくないときは、仮病を使ったりしていますが……。

でも、ここまでして食べ物を与えてもらえるのって、ホントにありがたいこと。世界中には食べ物がなくて困ってる人もたくさんいるのに。ただ、無理矢理、口の中に突っ込んでくるのだけはやめていただきたい。実のお母さんだったら、文句のひとつでも言えるのですが、そういうわけにもいかず……って、日本のお母さんは、普通そこまで強制しないですよね？　私の母なんて、ブクブク太ってる私を見て、「ちょっと食べるの控えたほうがいいんちゃう？　朝から食べることばっかり考えてんと！」とか言ってたことがありました。高校生の私に。あは。確かに高校生のときの私は、英語の教科書に出てくるハンプティーダンプティーみたいな体してましたね。

韓国では、食べることが第一。オンマは子どもたちに何か食べさせようと思って、日々、必死なのです。そして、なんでもしてあげたいと思うのがオンマの心です。私が独り言のように「イチゴ、食べたいな～」と、ちょっとつぶやいただけでも、走って市場まで行ってイチゴを買ってきてくれたり、食卓に焼き魚が出たら、丁寧に骨までとってくれたり……。また、食事に限らず、銭湯に行ったら背中まで流してくれて、最後には体にクリームまで塗ってくれるというフルサービス。上げ膳据え膳です。もちろん「自分でします」と言わないといけないんでしょうけど、こういうときはうまく甘えるのが円満にいくコツ！　温かい気持ちでよかれと思ってやってくれてることなので、「わざわざ断る必要なし」というのが私の考え。いい年して、未だに甘えん坊の性格が抜けない私は、世話好きのオンマにどっぷり甘えています。ふふふ。「どれだけ人にしてもらったかではなく、どれだけ人にしてあげたかのほうがもっと大切なことなのよ」と、いつも教えてくれるオンマ。なんの見返りも期待せず、無条件になんでもしてあげられるって、すごいこと。誰にでもできることではありません。私も見習いたい！　オンマを見てると、「一日ひとつでもいいから、人のためになることをしよう」と思うのですが、次の日になったらそんなことはスッカリ忘れて、頭の片隅にも残っていないという……私は、人間としてまだまだ。

韓国のオンマに限らず、親にとって子どもはいつまで経っても子ども。でも、韓国のオンマは、そんな気持ちが世界中のどこの国のオンマより強い気がしてなりません。いつも超ストレートで干渉好きなオンマに時々ついていけないときもありますが、いつも本当の娘のようにかわいがってくれて、その愛情にただただ感謝の気持ちでいっぱいです。

避けて通れない小言

本当の家族になったからこそ、避けて通れないのがオンマの小言。

またまたオンマ登場です。オンマの話なしでは韓国は語れない！　本当の娘のようにかわいがってくれるオンマ。それにしても、ズバズバ言い過ぎ。会うたびに、何か一つは注意されてるんじゃないかな？　というレベルです。

最近、よく注意されるのが服装。しつこいようですが、韓国は儒教の国ということもあり、何かと厳しい国。オンマに会う日は、できるだけ注意されないように私なりに厳選して、これでバッチリ！　と思う服を着ていくのですが、いつも失敗です。体のラインがわかるようなピチッとした服はダメだと思い、わりとゆったりとした服を着ていくと「こんな格好してたら、下を向いたときに胸が見えるでしょ！　周りの人に悪口言われるよ。オンマの服を貸してあげるから、これ着ていきなさい！」と。その場でさっさと服を脱がされ、衣装チェンジ。これも一回や二回の話じゃありません。韓国では、夏の暑い日でもノースリーブとかキャミソールを着ることは、まずありません。着るとしても、その上からカーディガンを羽織るとか……。若い女の子でも、キャミソールやノースリーブだけで町を歩いている人は、今まで見たことがないような気がします。

ある日のこと。外国人がキャミソールを着て歩いていたら、それを見ていたおばさんたちが「ほんとに外国人って、あんな格好して外に出るなんて！」と、すごい目つきで文句を言ってるのを目撃。やっぱり悪口言われるんやな～と実感する私。オンマの言葉は正しかった。オンマに注意されるのは、服装だけではありません。髪型から化粧まで。私がちょっと口紅をつけていないだけで「ルージュ塗りなさい」と、かばんの中から口紅を出して、私に差し出すオンマ。それにしても、ルージュって……久しぶりに聞いたな。いつの時代よ？　オンマは口癖のように「悪口言われるよ」と言います。その言葉を聞くたび、韓国の人って、そんなに悪口言うの？　と思ってしまいますが、韓国では常に人の目を気にして生きていかなければいけないのは否定できない事実。自分がどうしたいか、という個性を出すよりも、人にどう思われるかを考えて行動しなければなりません。韓国のおばさんが秋葉原に集まる個性的な若者のファッションを見たら、腰を抜かしてしまうかもしれません。日本ってユニークな国。日本人の私が見ても、そう思いますけどね。

常に人からよく見られたいという意識が強い韓国人は、生活に余裕がなくても高級車に乗って、ブランドのバッグを持って、いい服を着て、派手に生活する人もいます。もちろん、みんながみんなそうだというわけではありませんが、とにかく、お金持ちということがステータスなんですね。お金持ちでなくても、せめてそう見せたい。周りの人から見下されたくない、そんな気持ちが働くようです。例えば、軽自動車に乗ってるだけでバカにされる。運転手が女だというだけで運転が下手だといわれる、確かにそういうところはあります。だから、韓国人はあまり軽自動車に乗らないようです。それから、なんといっても走行スピードが速い韓国では、軽自動車は危ない！　事故に遭ったら終わり！　というイメージが強い。日本の友達が韓国に遊びにくると、みんな口をそろえて「韓国って高級車ばっかりやな」と言っていますが……。

私自身は、高級車やブランド物には一切興味なし。高級車よりかは燃費がよく、小回りの利くかわいい軽自動車がいい。悲しいけれど、ブランドの服は私には似合わないし、私のキャラでもない。だから、ブランド物を身に着けている人を見ても、特にうらやましいという感情もありません。もちろん、ブランドの服を素敵に着こなしている人を見れば、素敵だなと思うけど、それよりも、シャツとジーンズを美しく着こなせる人が本当のセレブだと私は思うのです。でも、オンマからすると、私がいつも安っぽい服ばっかり着ているのが気に入らない様子。安物ばかり着ずにいい服を着て、いいものを身に着けて、息子の嫁として美しくいてほしい。多分、そういうことだと思うのですが……。私、そんな貧乏くさい服、着てるんかな～？

韓国のオンマはデパートが大好きで、とにかくデパートで買ったものが最高だと信じてやまないのです。いくら、それは店舗代だと説明しても通じず、ネット商品は質の悪いものばかりだと言い張るオンマ。この間、私が日本に帰ったときに、西松屋で買った四五〇円の息子のTシャツ。「やっぱり、質がいい！」とオンマは大絶賛でしたが……。ほんまにわかってるんかいな。もちろん、値段はトップシークレット！

日本、特に関西では、いいものをどれだけ安く買えたかというのが自慢になるのに、韓国では全く逆。どれだけ高級なものを身に着けているかなんです。私はオンマの考えには到底ついていけず、オンマは私がボロい服ばかり着ているのが気に入らず、いつも二人の意見は平行線。そんなこんなで注意ばかりされてる私ですが、これでも私が外国人ということで、かなり大目に見てもらっていると思います。韓国では、嫁が姑に口答えするなんてことは許されません。よくドラマでもあるように、お義母さんにあれこれ言われても、常に嫁は姑のご機嫌取り&ごますりに大忙し。私も口答えまでとはいいませんが、譲れないところは、どうしても譲れない！　外国に行ったら、その国のルールに従わなければならない、「郷に入れば郷に従え」と頭ではわかっているものの……私も、なかなかの頑固娘。オンマには、外国人の嫁は、どうしようもない！　とあきれられているかもしれません。ごめんなさぁ〜い！

日本人主婦の会

韓国に来て数年、一人も日本人に会ったことがありませんでした。忙しく過ごしていた私は、毎日の仕事をこなすだけで精いっぱいで、日本人を探そうという気力もなく……。それに、日本人に会いたいという気持ちもさほどなかったのです。うちでは主人と日本語で話し、テレビもNHKが映るので、韓国にいながら日本で生活をしているかのようにのほほんと何不自由なく暮らしていました。

当時、妊娠八カ月。仕事を辞めて、私は専業主婦になりました。生まれて初めての専業主婦。ちょっとゆっくりしたい……そう思っていたものの、実際することがなくなると、それはそれで、戸惑う。人間、身勝手なもんだ。家でじっとしていられないタイプの私にとって、「閉じこもり生活」はしんどい。そこで思いついたのが韓国語のお勉強です。もう一度、心を入れ直して韓国語を一からやり直そうと、家の近くにある文化センターに通うことにしました。すると、なんとそこには日本人がいたのです。「日本人に会いたいという気持ちはなかった」なんて散々言っておきながら、なんだ？　この胸の高鳴りは？　なぜか興奮を抑えられない私は、一生懸命、勉強に集中している彼女にペラペラ……。あれ？　そもそも私、ここに何しにきたんやっけ？　彼女に出会ったことで、「韓国語を一からやり直そう」と、ついさっき自分に誓った決心は一瞬で消え去り、息継ぎするのも忘れるくらいのマシンガントークを続ける私に、彼女は少し困った表情をしながらも、話に付き合ってくれました。優しいのね……。

そして、その彼女の紹介で初めて「日本人主婦の会」というのに行ってきました。日本人主婦の集まりで、そこには十人くらいの日本人女子が。一気にお友達が増えたみたいでテンション上がる！　主婦が集まると話題に上るのは、やっぱり子どもの教育の話、お義母さんの話、韓国の法事の話、そして、旦那さんが食べられない日本食の話。私が日々感じてきたことをほかのママたちも同じように感じていて、この安心感といったらなんでしょう。

まず、ママたちの悩みの種は、毎日の料理。日本食が大好きで、ほとんどなんでも食べられるという旦那さんもいらっしゃるようですが、それでも好き嫌いはみんな共通していておもしろい。例えば、肉じゃが、なす、豚の生姜焼き、シチュー、煮物、半熟卵、梅干し、納豆などは皆様、苦手なようです。案外いけるのが、カレー（日本食か？）。焼きそば、オムライス、チャーハン、といったB級グルメはお口に合うよう。でも、カレーはいけるのに、シチューはダメなんか～と思ったり。うーん……クリームソースがダメなんでしょうか。

それから、韓国には、あんまりデザートというものがありません。スイーツなんてオシャレな言葉もなさそう。デザートといえば、果物とヨーグルト。たまにケーキ。でも、ケーキも残念ながら、あんまり種類がないんですね。韓国を代表するケーキといえば、やっぱり、コグマケーキ！「コグマ」って、熊の赤ちゃんケーキ？じゃなくて、さつまいものことなんです。毎食後デザートが食べたくなる私は、毎日のヨーグルト作りに命をかけています。たばこやコーヒーみたいに、なくてはならないもの。もはやヨーグルト中毒です。でも、たまにはコーヒーゼリーとか、マンゴープリンとか、杏仁豆腐とか、抹茶プリンとか、そういうものが食べたいぞ。そういえば、最近はデパ地下に行くと、シュークリームが売っています。でも、韓国人にとってシュークリームはパンという感覚らしく、ケーキとか、シュークリームとか、そういうたぐいのものは全部パンと呼んじゃいます。時には、餅のこともパンと呼ぶ人もいたり。餅って、小麦粉じゃなくて米で作られているのに、これもパン？　どういう基準？　餅をパンと呼ぶのは違反でしょう。

オンマにシュークリームを買っていったら、「あら？　パン買ってきたの？」と言われてしまい……やっぱりここではこれはパンなんだ、と実感する私。なんか悲しい……。これがパンだなんて。いつだって、オンマに心から喜んでもらうのは至難の業。日本人主婦の皆さんも、お義母さんのプレゼントは何がいいか心底悩むそうです。みんな悩みは同じ。例えば、日本に帰ったときのお土産です。私も毎回、頭を悩ませていますが、悲しいことに毎回失敗。私には、人を喜ばせるセンスがないのか……。食べ物を買っていくと、「韓国にも似たようなものがある」と言われるし、身に着けるものは、なかなかオンマの好みに合わず……。

以前、日本らしい桜模様が入った紺の日傘を買って帰ったことがあったのですが「これは、ミナコが使って」と言われてしまい、ガックリ。プレゼント返されたのなんて、生まれて初めての経験でした。そんな失敗の繰り返しでしたが、一度だけオンマが絶賛してくれたお土産が抹茶のバームクーヘン「京ばあむ」。よーし、次からは迷わずこれにしよう、と、張り切って次も「京ばあむ」を買って帰ったら、

オンマ「前のと味が違う！　この前のはおいしかったけど、今回のは甘すぎ！」

私「この前のと全く同じものですよ。味が違うってことはないと思いますよ〜」

オンマ「いやっ、これは甘すぎる」

オンマの舌はいったいどうなってるんや？　結局、これも失敗か。それにしても、「思い込み」っていうのは怖い。オンマの発言を聞くたびにそう思います。ママ友も日本に帰るたびに、お土産は何にしようか悩んで悩んで、あるママは今回ちょっと奮発して、かなりいいお値段のサラダボウルをプレゼントしたらしいのですが、数日後、お義母さんの家を訪問すると、なんと！　そのサラダボウルの上に「ファブリーズ」が置いてあったそうです。もう、お笑いじゃないんやから。やっぱり、プレゼントもブランドじゃないとダメなのか……。なんてことがチラッと頭をよぎります。いや、それは無理やな。

そして、またあるママ友は、お義母さんに「誕生日にハワイ旅行をプレゼントしてほしい」と言われ、また別のママは、何をプレゼントしてもなかなか気に入ってもらえないから、それなら今回は現金で……と、五万円渡したそうなんですが、「来年の誕生日には、もうちょっと欲しい」みたいなことをほのめかされたので、ご主人に相談してみると、「じゃあ、来年は七万くらいにする？　だって、お母さんだから仕方ないよね……」と言われ、「めっちゃ腹立つ！　五万で十分じゃない？　私らも生活するだけで大変やのに」と。ごもっとも。私もあなたの意見に賛成です。なんといっても、韓国人男子はお母さんに甘いんですよ～。親孝行したい！　その気持ちは素晴らしいことだと思いますが……。

お義母さんの「今まで育ててあげたんだから感謝しろ！」と言わんばかりの態度が正直、

私は気に入らない。旅行をプレゼントしろだの現金もっとくれだの……。内心そう思っていても、堂々と息子に、そして嫁にはっきり言えるお義母さんの度胸がすごい。ここまできたら、「よく言ったぞ！」と拍手を送るレベルです。日本のお義母さんが嫁にそう言うところ、想像できません……。そして、将来、私は……ミンジュンのお嫁さんとなる人に、「来年の誕生日は、ハワイ旅行をプレゼントしてくれるとうれしいな♥」、……どう考えても、言えん！ 言えん！ 断っておきますが、うちのオンマは、そんなことは一切言わないし、むしろ、私たち夫婦のために尽くしてくれる、スーパーマザーです。プレゼントが気に入らないと言われるくらい我慢しないと。「失敗は成功のもと」、そう考えて、次のお土産選びに情熱を燃やすことにするかっ。

しぼんだ顔にデカ尻

皆さん、突然ですが「やせてるね」って言われると、どんな気持ちになりますか？ ガリガリにやせていない限り、女性にとってはうれしいほめ言葉じゃないでしょうか？ でも、韓国のおばさんにとっては、全く「ほめ言葉」ではなく、むしろ怒られてる？ と感じてしまうのは私だけ？　私も息子に母乳をあげてたときは栄養を全部取られるので、やせていました。といっても、ややややせ気味ってくらいです。でも、オンマは私がやせているのが気に入らないらしく、いつもあきれたように「やせた！　やせた！　そんなに背も低くて、体にお肉もついてなかったら、ほんとに存在感もない！」と、よく怒られたものです。存在感がないだなんて、なにもそこまで言わんでも……。

　日本語では「華奢」ってスゴクいい響きだし、いつもぽっちゃり系……いや、おデブちゃんだった私は、人生一度でいいから「細い」とか「華奢」とかいわれてみたいと思っていたほどです。背が低いところも自分では気に入っていて、私のいいところ！　くらいに思っていたのに、ここにいると、私の中の「かわいい女性」のイメージをめちゃくちゃに破壊されてしまう気がしてなりません。

　韓国では、背の低い女の人はいまいち。男の人は、もってのほかです。女の人も一六五センチくらいの人は結構いるし、背が高くても平気で高いヒールを履いたりします。だから、韓国人男子は一八〇センチくらいはないと釣り合わないんですよね。私も、よく「背が低いのに、なんでヒール履かないの？」と言われたりしますが。でも、ヒールって、背が高いからこそ似合う気がするし、なんで、そこまでして背を高く見せんとあかんの？　と思ってしまうのです。自分はコンプレックスに感じていないことを、ここにいると、コンプレックスに感じざるを得ない。でも、私は私。いちいち気にしたり、傷ついたりしていたら、この国では生きていけないのです。

背が低いのもダメ、やせてるのもダメ、でも、デブもダメ。じゃあ、どうしろと？ 主人なんて、私を見て「ほんまに風船がしぼんだ顔みたい。顔に肉がついてないから、しわも目立つし、こんなんやったら、いくらいい化粧品使っても意味ないわ」と言いたい放題。頑張って子育てをしている私に対して、こんなこと言えるなんて、どんな神経してるんやろ？ ひどすぎる。怒り狂いたいのは私のほうなのに、なんで私が怒られてるのか？ そして、いったい、彼の怒りのポイントはなんなのか？

主人「ちゃんと食べてよ」

私「ちゃんと食べてる。昨日もごはんいっぱい食べたし、寝る前にプリンも食べたもん」

主人「プリンなんか食べても意味ない！ ハンバーガーとかチキンとかカロリーが高いもん、いっぱい食べてよ！」

そんな生活したら病気になるわ！ 主人はいったい、自分が何を言ってるのかわかっているのでしょうか？ 腹が立ったら無茶苦茶なことを言い出す主人。よくこんなんで今まで生きてこれたなと思うほどです。そして、オンマには「毎日、何食べてる？ 栄養が足りてない！」と叱られるし……。

数日後、オンマと一緒に銭湯に行ったときのこと。数日前は私のこと、あんなに「やせてる、やせてる」と文句を言っていたのに、「ミナコはお尻が大きすぎる。まぁ、醜いってほどじゃないけど」と、ブツブツ言っていました。体は細くて、お尻は大きすぎると文句を言うオンマ。オンマの理想の体型になるのは難しし！　モデルでもあるまいし。

あなたのものは私のもの

毎週末日本語を教えている生徒さんがいるのですが、「日本語、これ以上習う必要ある？」と思うほど、とても日本がお上手なお嬢さん。彼女の要望で授業では教科書を使わず、いつもただのおしゃべりです。こんなんで授業料もらってもええんかいな？　という気がしますが。いつも楽しいおしゃべりで、あっという間の一時間。私が日本語を教えて、時には彼女から韓国の文化を学んだりして、コーヒーを飲みながら毎回ガールズトークを楽しんでおります。いつも明るく前向きで、運動が大好きだという活発な彼女。最近はスカッシュにはまっているようで、毎週末一人でスカッシュをしにいくのだとか……。

そんな彼女は、最近オンマのことで悩んでいるというのです。オンマは、いつも勝手に彼女の部屋に入って、タンスの中からお気に入りの服を取り出し、彼女になんの承諾もなく、娘の服を着ては、ルンルン気分でお出かけ。おまけに靴まで。そう、それが彼女の悩みの種だというわけです。オンマのファッションは、すべて彼女の服でコーディネートされています。ちょっと～自分の年を考えてよー。毎日の運動を欠かさない彼女は、スタイル抜群。「好きなものを好きなだけ食べたいから」と。そりゃ、私だってそうなんやけど。好きなものを好きなだけ食べたいけど、運動はしたくないというレイジーな私とはえらい違い。自分のプロポーションにかなり気を遣っているスタイル抜群の彼女からは想像しにくいですが、オンマはかなりのぽっちゃり系らしいのです。だから、オンマが一度着ると、服が伸びてしまって、もうその服は二度と着れない、と。な～るほど。それは困る。朝、起きて出勤しようと思ったら、服はないし、かばんはないし。そんな彼女の気持ちも知らず、オンマはお構いなく毎日のように彼女の服を着るので、服も全部伸びきってしまってどうすることもできず、優しい彼女も、もうさすがに限界が来たようです。ある日、オンマに「もう、私のものを勝手に使わないでよ！」と言うと「親に向かってそんなことを言う奴は要らない！」と本気で逆ギレされるという最悪の結末。むしろ逆効果です。彼女の意見は、もっともだと思うのですが、なぜ、ここでオンマがキレるのか？　キレるポイントが全くわからない。今もオンマの癖は直らず、「もう、どうしたらいいかわからないんです」と、彼女。これは大問題だ。服をどこかに隠しておくしかないのか……。

そういえば、うちのオンマも家に遊びにいったら、勝手に義妹のものをくれたりします。ふと義妹のかばんを見て、「このかばん、かわいいな～」と、何気なく言ったら「じゃ、持って帰って！」と。「いやいや、そういうつもりで言ったんじゃないんです。私、勝手に持って帰れないですよ～」と言っても、「持って帰って！　持って帰って！」と、半強制的に私の手に持たせるのです。困ったことに、オンマは一度言ったら聞かないタイプ。とはいえ、人のもの勝手に持って帰れんよ～。「余計なこと言うんじゃなかった……」。勝手に持って帰って、ひんしゅくを買うのはこの私なんですけど。

義妹と三人でいるときも私に気遣ってなのか、よく、そう言ってくれるのですが……気持ちはうれしいんだけど、ホントに困る。まさしく、こういうことを「ありがた迷惑」と呼ぶのでしょう。義妹も内心あげたくなくても、さすがに私を前にして嫌だとはなかなか言えないですよね？　内心、多分あげたくないと思っていると思います……。いや、確実にそう思ってるはず。必要だから買ったのに、それをバンバン勝手に人にあげられちゃ～ね。オンマの思いやりが家族を破壊する種になっているのですよ！　私……化粧品もかばんも要らないから、私たちの関係がうまくいくように、どうかそっとしておいて……。

そんなある日、義妹が彼氏にもらったと、ちょっと変わった「じゃがいもラーメン」というラーメンを持って帰ってきたことがありました。どこかの地域では有名なラーメンだそうですが……。帰り際、オンマが「これ、持って帰って」と、私にラーメンを手渡した瞬間、今までおとなしくしていた義妹が激怒。ものすごい大声で「私のもの勝手にあげないでよ！　前にもオンマに言ったよね？　私に承諾もなく勝手にあげないでって。オンニにあげたくないって言ってるわけじゃなくて、私のものなんだから、あげる前に私にひと言聞くのが常識じゃないの？」と。そのとおり！　よく言ってくれた！　義妹は怒りが抑えきれないようで、思いっきり激しくドアをバタンッと閉め、自分の部屋に入っていきました。なに……？　この嫌な空気。私は、そっとラーメンをオンマの手に戻し、「これ……要らないです」と、お返ししておきました。オンマは反省でもするのかと思いきや、「ほんとに性格悪い娘！　ラーメンくらいあげたっていいのに。ケチくさい！　そんなんだから嫁にもいけないのよ。恥ずかしくて外に出せないわ！」と、逆ギレ。オンマ……義妹が言ってることは、そういうことじゃないと思うんですけどね……。義妹がどうして怒っているのか、そのわけさえオンマは全くわかっていない様子。これは重症。韓国語が完璧に理解できない私でさえ、よ～くわかりましたよ、義妹が言ったコトバ。義妹の訴え。私は、あえてその場で義妹には声をかけず、なんとなく憂鬱な気持ちで家に帰りましたが、これから私は、どうしたらいいのか？　私が謝ることではないと思いながらも、このままにしておくわけにもいかない。次、顔を合わせるとき、気まずい気がするし。オンマがよかれと思ってやってくれている配慮が余計家族を混乱に巻き込む……ラーメンひとつでこんな大事件になるとは。う～ん。う～ん……どうも落ち着かない。私は、いったいどうしたらいいんや？　やっぱり謝っとくほうがいいんやろうな……という結論に達し、義妹に「さっきは気分を悪くさせちゃったみたいで、ごめんね」とだけメールすると「私こそ、ごめんなさい。オンニの前であんなふうに怒ったりして、びっくりしたでしょう？　でも、オンマは何度言っても、毎回同じこと繰り返すから、もう我慢できなくてね！」と。わかるよ！　わかる！　私も娘だったら、激怒するやろうな。「娘のものは私のもの」というオンマの思考回路はいったいどうなってるんや？

肌を見せないイスラム国

韓国も日本と同じく春夏秋冬がはっきりしている国。そして、韓国の冬は寒い。蔚山《ウルサン》は南の地域なので比較的冬も暖かいのですが、ソウルや北の地域はマイナスの世界です。韓国で生活をしている中でいちばんありがたいと思うのは、なんといっても床暖房、オンドルの存在。真冬でも家の中はポカポカ。十分、半袖で過ごせる暖かさです。

日本の私の実家は、とても古く、冬は家の中にいても凍え死んでしまうくらいの寒さで、寝るときは、いつも父が布団に湯たんぽを入れてくれていました。湯たんぽひとつ入れるだけで、布団の中は朝までポカポカ。湯たんぽって素晴らしい！　と、いつも絶賛しつつ、それでも、布団から出てる顔の部分は凍りつくほど冷たい。呼吸をすると白い息が……。唯一くつろげるはずの我が家は、私にとって、むしろストレスだったのです。父が「家の中より外へ出たほうがあったかいで。外へ逃げよ」と口癖のようによく言っていたものです。

真冬、ミンジュンと一緒に実家に帰ったことがあったのですが、いつもミンジュンの手足は氷のようにカチカチ状態。夜は畳の部屋に布団を敷いて寝たのですが、あまりの寒さにミンジュンがガタガタ震えながら、泣き出してしまいました。私は思わず、ミンジュンを抱きしめ「ミンジュン、ごめんよ……。寒いよな~もう冬に日本に帰るのはやめような」と言いながら、私も震えが止まらない。どんな家よ？　こんな姿、韓国のジジババが見たら泣くやろうな~と、ふと二人の顔がチラついたり……。寒い冬は、いっそのこと冬眠してしまいたい。

そして、韓国は韓国で冬のプチストレスがあるんです。ここでは、いつも暖かいところで過ごせるのは、とても幸せなこと。学校も冷暖房完全完備で、小さいときからこのポカポカ生活に慣れてしまっている韓国人は、寒さに対して全く免疫がありません。秋になって、少し肌寒くなってきたな、と思ったらコートを着たり、子どもにも、これでもかっ！　というくらい厚着をさせます。とにかく、寒いと風邪をひくと思っている韓国人は、特に赤ん坊には気を遣っているようで、冬に外出するときなんかは大変。服を何枚も着させて、ごっついコート。また、その上から毛布をかぶせて、赤ん坊の顔なんて全く見えません。それで動けるか？　……その前に息できるか？　と心配になるくらいです。

私も息子に薄着をさせているつもりはないのですが、韓国人のおばさんからすると、息子がかわいそうで見ていられないのでしょう。息子を連れて一歩外に出ると、注意をされない日はないというくらい「寒い、寒い、寒い！　もっと着せなさい。赤ん坊が風邪ひくよ」と言われてしまいます。丁寧に息子の靴下を上げてくれるおばさんもいれば、「全く！　何を考えてるの！」と、私に文句を言いながら、通り過ぎるおばさんも。自分の子どものように心配してくれてありがたいと思う反面、毎日言われ続けるとストレスに感じることもあるのです。

日本は韓国と反対で、冬でも薄着をさせて寒いところで遊んで、時々風邪をひきながら免疫をつける。寒い真冬でも子どもは冬の寒風もいとわずに、外で元気に遊ぶ、という意味で「子どもは風の子」なんて表現をしますが、韓国ではあり得ないこと。とにかく着せて着せて、着せまくる。冬は少しも肌を出してはいけません。これが正解！　そう、この国では、冬は肌を見せないイスラム国のよう……。

私の弟は小学校のとき、六年間、真冬も半袖半ズボン一枚で学校に通って、先生に「頑張ってるね、強い子だね！」とほめられ、母もそんな我が子を誇りに思っていたようですが、ここでそんなことをすると、完全に頭が狂った親子だと思われてしまうことは間違いなし。お隣の国なのに、なんでここまで人の思考回路が違うんやろ？　と心底、不思議に思ってしまうことがあります。

私が小学校のときも、学校で毎朝、半袖の体操服と紺パン（ブルマ）、そして、裸足で走るという行事がありました。マラソンが終わると、氷水のような冷たい水で足を洗って、みんな真っ赤な足で教室に入っていったことが今でも鮮明に脳裏に焼きついています。小学校には冷暖房がなかったので、まず、走って体を温めてから授業に臨む。手足が温かくなると、手がかじかんで文字が書けないという問題も解決されます。日本の子どもたちは、こうやって寒さをしのいでいますよね？　真冬の体育館なんて、すごく寒い……体育座りをして校長先生の長いお話を聞いていると、ジーンと床から凍りつくような寒さが体に伝わってきて、時には痛みを感じるほどです。これも学校生活の一部。でも、びっくりなことに、韓国では体育の授業も暖房のきいた体育館でコートを着て、授業をするそうです。そんなんで体育の授業になるんか？忍耐力も養われやしない。冷暖房が故障して一日でも使えなくなると、生徒たちが文句を言うのはもちろんのこと、親からも苦情の電話が入る。想像できます。なんといっても寒さに敏感な韓国人。主人も「節約、節約」と口癖のように言ってる割には、ちょーっとでも寒くなったらオンドルをつけるので、私は暑くてやってられません。こんなんじゃ家庭がもちませんよ。毎年、変わらない冬のプチストレス。今年も受けそうな……予感。

プチストレスは、冬だけに限りません。やっぱり、異国。カルチャーショックなんてのは日常茶飯事。困り果ててしまったり、逆に意外なところで感動があったり。日本人は「自分は自分」「人は人」という感じで、あまり他人のことは干渉しない国民です。私も純日本人の一人なので、こういうスタイル、とっても心地いいのですが、韓国人から見ると、日本人はあまりにもあっさりしすぎていて、冷たいと感じる人もいるようです。「日本人は情がない」という言葉、散々聞かされましたが、そうなんでしょうか?

息子がまだ赤ちゃんのときに、久々に家族でお寺にお出かけをしたある日のこと(旅先は、石南寺。韓国のおばさんたちはお寺が大好き)、楽しいお出かけになるはずが……。お寺に着いた途端、こっちのおばさんにも、あっちのおばさんにも、あらゆることで注意を受け……だんだんイライラしてくる私。

いつものように息子を抱っこひもで抱っこしてお店に入ると、おばさんは「こんなもんで抱っこしてたら、赤ちゃん顔動かされへんやろ!」と、すごい剣幕で……。親の資格ない! と言わんばかりに私を睨みつけるその人相は、まるで鬼のよう。怖すぎます。私は、おどおどしながら「え? そうですか……。じゃ、このひもをもうちょっと緩くしたほうがいいですかね?」と返すと「そう思ってるんだったら、早くそうしなさい! 全く、最近の若いお母さんは何も知らないで子育てするから、子どもがかわいそうったらありゃしない。ブツブツ……ブツブツ……」。散々、文句を言われたことよりも、「若いお母さん」という言葉に異常に反応してしまった私は、ひとり、ニヤリ。思ったより悪いおばさんでもなさそうやし、さ、機嫌を直して行くか。

少し歩いていくと、おばさん第二号登場。「どうして、赤ちゃんに靴下はかせてないの? こんな寒いところに素足で来させるなんて……風邪ひくよ」。冬でもないのに! 「寒い」という言葉は年がら年中、聞いている気がします。あぁぁぁ、もう暑いし! そして、家に帰ったら、オンマに「ミナコ！　どうしてそんなに短いスカート穿いてるの！　子育てするときはズボンでしょ！」と。はい。グスン。どこに行っても怒られてばかりの私。そして、何回、注意されても同じことを繰り返してしまう学習能力のない私。韓国での修業はしばらく続きそうです。

ママボーイ

韓国では、マザコンのことをママボーイといいます。なんか「ママボーイ」って、かわいい響き。よく言えば、母親想いのいい息子。悪く言えば、マザコンです。韓国の男性は、本当にママボーイ……じゃなくて、「母親想い」。普段の感謝の気持ちを、言葉や行動でちゃんと伝える。結婚して新しい家庭を持っても、よくお母さんに会いにいったり、安否確認の電話をしたり。それが韓国のやり方です。お母さんの存在はとても強く、いつも、お母さんのことは心のど真ん中にあるのです。私も相当なマザコンだし、お母さんがいなければ今の自分は存在しないと思うと、お母さんを大切に思う気持ちは、ごく自然なことなのかもしれません。それに今の時代、子どもが親を殺す（逆もありますが）など、考えられないほど物騒なことが起こってしまう世の中。そんな中、素直に育って、純粋な気持ちで「お母さん、ダイスキ！」と思えることは素晴らしいことだと思いますが、その反面、それは、ちょっとやりすぎちゃうか？　と思うこともしばしばあるのです。

主人とスーパーで買い物を楽しんでいたある日のこと。ばったり主人の友達と、お母さんらしき人に出くわしました。主人と友達が「やぁ、久しぶりだな！」なんて話をしている間、お母さんらしき人は、息子のことをすごく愛おしそうな目で見つめています。ん？　もしかして、すごく年の離れた彼女？　それとも、奥さん？　いやぁ～でも、韓国では、この年の差カップルって、あり得ん気がするしな～なんて、いろんなことを考えているうちに話は終わったようで、二人は仲よく手をつないで去っていきました。やっぱり彼女やったんや。ん？　彼女？　その女の正体が気になって気になって仕方なかった私は、早速、主人に「あの隣にいた人、誰？　彼女？」と聞いてみると、「お母さん」と。いやいやいや、あっさり「お母さん」って答えてますけど、手、つないでましたよ？　お母さんと手つなぐの？　主人は、オンマと手をつないだり、腕を組んだりしませんが、こういう光景を見ても、特に違和感を感じていない様子。韓国では、お母さんとのスキンシップも特にビックリするようなことでもないようです。

ある日、このビックリ話をとても仲のいい韓国人のおばさんにしたことがありました。おばさんには三十半ばの息子が二人いて、そのおばさんも、もう息子がかわいくて仕方がないようです。それはわかりますよ、私にもかわいいベイビーボーイがいますから。でも、なんと、このおばさんの息子さんは、主人の友達よりも上をいくママボーイのようで、おばさんの話によると、息子さんは道端でもキスをしてくれるとのこと。三十半ばのいい大人が道端でママにチュ？　もうここまで来てしまうと、未知の世界です。無理だ！　無理！「あり得ない～～～～～～！」と、心が悲鳴をあげている反面、将来息子と腕を組んでお買い物デート、なんてのもいいな～なんて密かに企んでいる私であります。チュは遠慮させていただきますが……。そういえば、最近、息子に「チュして」とお願いすると、舌を入れて激しいキスをしてくれるので、「ちょっとだけ、チュってして」と言うと、「オンマのことが大好きだからよぉぉぉ～～～～」と叫んでくれますが、うちの息子も危険信号？　ホントによだれまみれの口で激しいキスはやめていただきたい……。親子関係にかかわらず、肌の触れ合いが多い国。それが韓国です。

私はいったいどうしたら……

うちのベイビーボーイも含め、韓国人男子がどれほど「ママボーイ」かわかっていただけましたか？　だから！　そうじゃなくって、どれだけ「母親想い」かわかっていただけましたよね？

主人はオンマと手をつないだり、腕を組んだり、そういうベタベタ系ママボーイではないですが、やっぱり韓国人男子。オンマが大好きなママボーイ。

例えば、買い物にいって、何かおいしいものを見つけると、必ず「オンマにも買っていこう！」と言う彼。ぎゃ。マザコン男！　と思いながらも、オンマを思いやる彼は素敵だな、と感心したりもしています。こういうところ、日本人男子にもちょっと見習ってほしいな～なんて思いながら……でも、奥さんに嫌がられるかもしれませんね。

これくらいの主人のママボーイ発言ならかわいいな～と思えるんですが、「たまに、いいかげんにしろ！」と思うこともあるのです。オンマの家でチェサ（法事）があった日の出来事。チェサ前日、オンマに「明日は、朝の十時に来てね」と言われていました。本当に十時に行っていいのか？　それとも、早く行くべきか？　いろいろと試行錯誤を重ねた上、少しだけ早く行くことに決め、準備をしていたところ、プルルルプルルル（ちなみに、韓国の電話の呼び出し音は、タルルンタルルン。なんでタルルン？）オンマからの電話です。なんやろ？　こんな朝早くから……と思い「ヨボセヨ（もしもし）」と電話に出ると「こんな時間まで何してるの？　早く来なさい！」と怒られてしまいました。確か、まだ午前八時半くらいだったと思います。え？　なんで、私が怒られなあかんの？　だって、十時に来いって言ってたやん？　私は全く納得がいかず、主人に「それやったら、昨日、九時までに来て！　って言ってくれたらよかったのにな～」と言うと、「そんなこと言ってたらオンマに嫌われるで」とひと言。出た～～！　ママボーイ発言。相当イラつく。この話の流れでいくと、「十時までに来てと言われたら、その言葉を真に受けて本当に十時に行こうとする気の利かない嫁」ってことね……結局、私が悪いわけね。

日本だと約束の一時間以上前に行くことは非常識。でも、韓国では、どうなんやろう？　とかいろいろと私なりに考えて行動しているのですが、オンマの気持ちを察して行動するのはとても難しい。オンマに関することはすべて難しい。例えば、皿洗いなど「やらなくてもいいよ」は「やりなさい」の意味。日本でもこういうのはありますよね？　そういえば、以前、韓国に留学していた友達がホームステイ先のオンマの気持ちが全く読めない。どうしたらいいのかわからない、とシクシク泣きながら私の家を訪ねてきたことがありました。当時、彼女は毎食オンマと家で食事をしていたようで、いつもオンマがおいしい手料理を作ってくれると喜んでいました。自分が何もできないことを申し訳なく思い、日頃から「皿洗いは私がします」と言っていたそうです。でも、オンマはやらなくてもいいと。「私がやります」、「やらなくていい」、「私がやります」、「やらなくていい」、そんなやりとりが二、三回続き……もしかしたら、オンマの片づけ方があるのかな？　と思い、申し訳なく思いながらも、オンマに任せることにしたそうです。でも、それが後々問題になってしまったのです。

数日後、オンマと彼女の共通の知り合いから呼び出され、「あなたが何もしないから、オンマは相当ストレス溜まってるみたいよ。皿洗いくらいしたほうがいいんじゃない？」と、言われたというのです。愕然とした、と彼女。「皿洗いは私がします」と毎日言い続けていたにもかかわらず……。じゃ、何度「私がします」と繰り返したらいいのか？　どこまで強引に何がなんでも自分がすると言えばいいのか？　正直、私もわかりませんが、今は、「ほんとにやらなくていい！」と突き飛ばされるまで言い続けることにしています。もしかしたら、自分で洗ったほうが早いとか、自分流のやり方があるとか、いろんな思いがあるのかもしれませんが、一応しつこく言っておくと、私のやる気は伝わるかな～と。それに、特に韓国のお義母さん世代の人は、かなり強引なところがあるから、私もある程度強引にいったほうがいいのかな？というのが私の考えです。でも、ちゃんとやる気を見せていたのに、陰で文句を言われちゃ、たまったもんじゃないですよね。

「日本人は物事をはっきり言わないから、何を考えているかわからない！　はっきりストレートに言ってほしい！」という言葉をよく耳にします。なるほど。それは、なんとなくわかる気がします。日本人って、確かに遠慮のかたまりみたいなところはあるし、話をするときも、できるだけ相手を傷つけないようにいろいろと言葉を選びながら話したら、結局、言いたかったことが相手にちゃんと伝わらなかったり。そう考えると、時にはストレートに言うことも大切なんだという気がしてきます。

でも、韓国のお母さんはなんでもはっきり言うのに、どうして皿洗いをお願いしたいという

ことは、はっきり言えないんでしょう？　……と、どうしてもそういう気持ちになってしまうわけです。私のオンマも「私がします」と言うと、私を気遣ってなのか、嫁をこき使う鬼姑と思われたくないからなのか、二、三回は「やらなくていい」と言ってくれます。でも、正直、このやりとりが面倒くさい。結局、私がやるんやから、最初から「じゃ、お願いね」と言ってくれたらいいのに……と思ってしまうのです。「お願いね」とか「お願いしてもいいかな？」っていうのは、日本独特の言い回し。じゃ、韓国では、なんと言うと思いますか？　「그럼 니가 해라！」「それならおまえがやれ！」です。常に命令形。最初はビックリしましたが、これが韓国語の表現なんでしょうね。

要らない報告

　そんなオンマは、いつも私の外見チェックをするのが半分趣味みたいになっているようです。私のマネージャーか？　服装をほめてくれるときも、もちろんありますが、だいたいは、今日被ってる帽子はかわいくない、だの、こんな履きにくそうな靴をどうして買った、だの、カットをした日には、前の髪型のほうがよかった、だの、よく次から次へとそんなに言葉がスラスラと出てくるな～、と感心してしまうほどです。皿洗いは、はっきり「やりなさい」と言ってくれてもいいから、私の外見のことを「こういうのは好きじゃない」と主張しないでほしい。私がオンマの好みに合わせて、服を着るのもおかしいでしょう？　好みの基準は人それぞれ違うものなんやし……。はっきり言うポイントがズレてる気がしてなりません……。

それに、二人で主人の友達の結婚式に行った日も……。朝、息子を預けにオンマの家に行くと、「アニョハセヨ」と玄関のドアを開けた瞬間、オンマは主人のスーツをチェック。上から下まで、どこか不具合がないか、中にまで手を突っ込んで念入りチェックが始まりました。私は相当、信用されていないのでしょう。ドキドキしながら、チェックが終わるのを待っていると、おっと！　早速、見つけられてしまいました。ガーン。

スーツの上着の後ろ下の部分の糸がほどけていたのです。私はこのタイミングで「お義母さん、すいません。私が気づかないといけなかったのに」とフォローしなくてはいけないのは分かっていたのですが、なぜかその日はそんな気になれず……。私は何も言わず、無表情のままリビングに向かいソファーに腰をかけました。隣の部屋でオンマと主人はなんの話をしてるんやろう？　オンマは普段からものスゴイ声が大きいのに、何ひとつ声が聞こえてきません。なんかコソコソ二人で私の文句を言ってるんやろうな～と思いながら、あえて、オンマに何も声をかけず、家を出ました。なんとなく主人の機嫌も悪そう……。って、機嫌が悪いのは私のほうなんですけど！　沈黙が続く中、主人が急に「……でも、あれやな、やっぱり、ミナコは主婦としては、なんか欠けてるよな」と言い出したのです。は？　なにそれ？　私は今にも爆発しそうな怒りを必死に抑え、「それって、オンマがそう言ったんやろ？」と聞いてみると、ひと言「うん」という返事が返ってきました。出た！　出た！　またまた得意のママボーイ発言。普通、そんなことは正直に言わないものです。「まぁまぁオンマの言うことは、あんまり気にしなくてもいいよ。でも、次からは、ちょっと気をつけて」くらいにとどめておいてくれてたら、私も素直に反省できたかもしれませんが、全く反省する気になれない。「うん」って、いったいなに？

「主婦として欠けてる」だの「オンマがミナコは生活能力がないと言ってた」だの、それはそれは、いちいち丁寧に報告してくれます。とにかく韓国人男子はオンマが大好き。ある人は「僕は、オンマに死ねと言われたら死にます。当たり前のことじゃないですか？」と言ってました。ほぉ～。そう来たか。主人も、いつだってオンマの味方であることは間違いないと確信しております。そして、将来、ミンジュンがママボーイになってくれることを心底、願っている私なのであります。あなたはオンマのもの。ミンジュンは私のもの。「世の中、平等」だとは、まさにこういうこと。メイクセンス（ナットク）！

WINTER SONATA

第5章

韓国の伝統文化と食を知ろう

引っ越しパーティー　チットリ

パーティー好きの韓国人は、引っ越したり新しい家を持った際には、いろんな人を招待し、집들이（チットリ）と呼ばれる引っ越しパーティーを行います。会社の同僚や上司、中高、大学の友達、先輩や後輩、そして幼馴染など、夫婦別々グループごとに招待するので、週末のたびに引っ越しパーティーで大忙し。例えば、今週末は会社の仲間と、来週は大学の友達と、というように。旦那さん側のパーティーが全部終わると、次は奥さんの番なので、引っ越ししてからはしばらく休む暇もありません。

パーティーの目的は、新しい家を披露すること。それから、もうひとつは奥さんの手料理を披露すること。これが奥さんにとっては最大のプレッシャーです。韓国は、おもてなしを大切にする国なので、お客様を招待するときには、食べきれないほどの料理を出すのが常識。作るとなれば、手抜き料理なんて許されません（といっても、最近は手料理でなく、出前を取ることもよくあるそうですが）。韓国の奥様たちは本当に大変。他人事みたいに言っていますが、私も韓国にお嫁にきたうちの一人。その大変さは身にしみて感じております。引っ越しパーティーをしたときは、目がまわるほど忙しく、友達を呼び出して、手伝ってもらって約十種類くらいの料理を作りました。午前三時になって、やっと終了！　とにかく、韓国では量が重要で、食べきれないほどの料理を出すのが常識です。

パーティー当日は、朝早くからオンマが家にお餅を運んでくれたりと、もう大行事です。招待されたお客さんたちは、家に入るなり寝室をはじめ、物置きにしている部屋なども、おかまいなく隅々まで見学。そして、料理を食べながら、この料理はどうだの評価したり、ほかの引っ越しパーティーと比べてどうだの、そんな話で盛り上がるんですね。料理が苦手な私にとっては、これほどのプレッシャーはありません。なんたって、毎週引っ越しパーティーがあるとお金がもちません。

招待する側は「おいしい！　来てよかった！」と、心から満足してもらえる料理を心を込めて作る。招待される側は「招待してくれて、ありがとう」の意味を込めて、お土産を持っていくのがお決まり事。時々、お客さんの人数が多いときには、料理の材料代としてお金を渡すこともあります。私の場合、インテコの先生たちが来てくれたときには、お金をいただいたのですが、これは本当に助かりました。

普通、引っ越しパーティーに持っていくお土産はお決まりなんですが、なんだかわかりますか？　それは、なんと！「トイレットペーパー」なんです。それにしても、なんでトイレットペーパー？　という気がしますが、「なが〜〜〜いお付き合いができますように」という意味を込めて、トイレットペーパーをプレゼントするそうです。おかげで、私も引っ越しパーティーをしてから二年くらいはトイレットペーパーを買わずにすみました。トイレットペーパーをお土産で渡すというのは、何かの本を読んで知っていましたが、ほんとにもらうとは。しかも、こんなにたくさん。

それから、仲のいい友達には自分が欲しいものをリクエストすることができます。例えば、生活必需品の掃除機、アイロン、掛け時計、ポット、食器など。必要なものをリクエストできるのは、本当にありがたいことです。そして、みんなにもらったプレゼントに囲まれながら新生活をスタートさせられることは、ホントに幸せなこと。料理が苦手な私にとって、引っ越しパーティーはつらいものがありましたが、料理が得意な人にとっては、料理の腕を発揮できる最高のチャンスであることは間違いなしです！

伝統行事　チェサ

韓国の伝統的な行事のひとつ、法事。韓国語で제사（チェサ）といいます。ご先祖様の命日にはテーブルがいっぱいになるほどのたくさんの料理を作って、家族や親戚が集まって盛大に

行います。韓国人にとってはとても重要な行事なのですが、宗教によっても違うようで、神の存在を信じるキリスト教の人たちはチェサを行いません。ちなみに、私の家族は仏教なのでチェサをするのですが、お盆とお正月を含め、チェサが年に七回もあるので、大忙し。実際、私は皿洗いくらいしかお手伝いができないので、大変なのはこの私ではなく、オンマなのですが。

チェサの料理をするのは女の人の仕事で、できあがった料理や果物をテーブルの上に並べるのは男の人の仕事と決まっています。昔は女の人は料理をするだけで、チェサには参加させてもらえなかったようです。韓国の女の人たちはチェサをするとなると大忙しで、どこか心の余裕がなく、みんなちょっとピリピリしている雰囲気にも見えます。チェサというのは、女の人にとっては一大行事で、チェサをする家にはお嫁にいきたくないという人もいると聞いたことがあります。でも、韓国では宗教が違う二人が結婚するということは、もっと大変なこと。仏教なら仏教の相手を、キリスト教ならキリスト教の相手を探すのが今後のことを考えるとよさそうですね。

それでは、チェサというのは何がそんなに大変なんでしょうか？　まず、チェサの日には大量の料理をしなければいけません。数種類の野菜のナムル、果物、栗、なつめ、天ぷら、チヂミ、焼き魚（チェサのときは、必ず「いしもち」という魚を使います）、ご飯、汁物など。しかも、この料理を徹底的に覚えなければいけないのです。チェサの数日前から市場に行って買い物をし、下準備。それに、これだけの料理をしようと思えば、結構なお金がかかりますよね？　チットリもお金。チェサもお金。やっぱり、お金がなければ、何もできない！

チェサを始める時間は、午前0時から。チェサ自体は三十分くらいで終わりますが、終わったら大量の皿洗いが待っています。いろいろ用事をしていると、家に帰るのは朝方になってしまう場合も。仕事をしている人は、翌日また出勤しないといけないのに、睡眠不足でクタクタに疲れてしまい、仕事に支障が出るということで、最近は、一、二時間早くチェサを始める家庭もあります。うちの家庭も最近は二時間くらい早めて、十時くらいから始めることが多くなりました。

お義父さんは韓国の伝統的な服、韓服（ハンボク）を着てチェサに臨みます。チェサをするときには、みんな靴下をはくというのがルール。まず、テーブルの前に横一列に並んで、ご先祖様にごあいさつ。あぐらをかいて床に座り、両手を額の前でクロスさせるような形で、頭を深く下げ、男の人は正座の姿勢であいさつ。これを三回繰り返します。

次は、テーブルの前で一人ずつ、ご先祖様にごあいさつ。お酒をついでもらって、線香の前でくるっと三回まわし、酒をテーブルの上に供えます。全員終わったら、また皆であいさつ。そして、あいさつが終わると、ご先祖様がお食事をされる時間です。その時間は部屋を出て、十分くらい待機。十分経ったら、また部屋に戻り、最後のごあいさつ。これですべて終了です。

チェサが終わると、お供えをした食べ物の端をはさみで切り取り、ゴミとして捨てるのですが、これは、家族がいないなどという理由からチェサをしてもらえない霊に、食べ物をおすそ分けするという意味があるそうです。こんなところでも韓国人の情を感じることができますね。

最後の最後は、家族みんなでテーブルを囲んで、楽しい食事の時間です。夜中からごはんを食べるのはちょっと気が引けますが、食いしん坊の私にとってはいちばん楽しみな時間。ちなみにチェサの料理は、にんにくや唐辛子を使ってはいけないというルールがあり、辛いものをお供えすると、霊が逃げていくといわれています。韓国人は辛いものが大好きで、韓国料理といえば、真っ赤というイメージですが、ご先祖様にはダメとは、ちょっと不思議な感じもします。でも、辛いものが苦手な私にとっては最高。チェサの食事の時間が楽しみだなんて言いながら、皿洗いだけしてのほほんと暮らしていられるのは、今のうち。将来は、この料理を全部一人で作らないといけない？　と思うと、ゾッとしますが。でも、やるからには、いつも見守ってくださっているご先祖様に心を込めてやりたいものです。

旧正月の過ごし方

「♪もういくつ寝るとお正月～」なんて鼻歌を歌いながら、子どものころはお正月が来るのを心待ちにしていたものです。駒遊びやカルタで坊主めくりをするのがお正月の楽しみのひとつでした。今では親戚たちが集まることもなくなったし、年賀状も昔ほど書かなくなったし、あまりお正月！　という雰囲気がなく寂しい感じがします。年賀状が届くのが楽しみで、目を輝かせながらポストを開けていたのは、いつのころだったか……。そんな年賀状も最近は、全部同じことが書かれた内容をただ印刷しただけみたいな年賀状が多くなり、正直楽しみも半減です。いかにも義務で書いてます！　みたいな年賀状。要らないっ。私は年賀状を書くのが大好きなので、今でも一枚一枚、心を込めて書いているのですが、最近はあまり返事も来なくなったから、もう書くのやめよっかな～と悩み中。

韓国も一月一日は新しい年を迎えるということで休日ですが、お正月は中国と同じく旧正月でお祝いをするので、実際は二月です。お正月が二月？　旧正月に慣れていないせいか、全く正月という感じがしない……。チマチョゴリを着てる人を見かけると、あ～お正月かぁ～と思うくらいです。

年賀状を送る習慣もなく、新年のあいさつはカカオトークで済まされます。正月定番のしめ飾りのようなものもありません。日本のおせち料理みたいなものはありますが、大体は野菜のナムルやお雑煮。そして、揚げ物です。だから料理を作る大晦日は、みんな油くさ～い。というわけで、料理が終わると、みんな銭湯に行くんですね。我が家もオンマと義妹と銭湯に行くのが恒例の行事。そして銭湯に行くと、なぜか決まって、いつもオンマと義妹のバトルが繰り広げられるのです。

義妹「だいたいオンマが私のことをほめてほめて、もっとうまく育ててくれたら、こんな性格にならなかったのに！　こんなんになってしまったのはオンマのせいだからね。『かわいい、かわいい』って言って育ててくれてたら、素直な子になれたのに。全部オンマのせいだからね！」

オンマ「だって、実際かわいくない子に『かわいい』って言えないでしょ？　どう頑張っても無理だわ。……ね、ミナコ？」

……って、私に振られても。

オンマ「私は、思ったことははっきり言わないと気が済まないの」

私「韓国の人って、ほんとになんでもはっきり言いますよね。私も最初は、傷ついて泣いたりしてましたよ。もう今は、何言われても大丈夫ですけどね。免疫がつきました」

オンマ「私の言葉にも傷ついて、泣いてたんでしょ？　でも、私、嘘はつけなくて……　思ったことが、そのまま口に出ちゃうから。悪い癖だと思うけど、でも、自分を作って、優しく話したりできないのよ……。それに、家族だからね～」

オンマに悪気がないのは、ちゃんとわかっていますよ！

正月前日には二人のけんかに付き合いながら、銭湯で疲れを癒し、ピカピカの体でお正月を迎えます。正月当日、朝の六時から一回目のチェサ。一回目のチェサが終わったら、薄く切っ

た餅と牛肉が入っている日本でいうお雑煮みたいなもの（韓国では떡국、餅汁といいます）を食べてからご両親にごあいさつをし、お年玉をもらいます（いつまでお年玉をもらっているのか……本当は、私たちがご両親にお年玉をあげないといけないのですが）。

そして十時になると、第二回目のチェサスタート。テーブルには、チェサをするときと、ほぼ同じ料理が並びます。大体チェサと同じようなことをしますが、法事のときは夜に行い、お正月には昼間に行うというのがいちばんの違いです。韓国のお正月、残年ながら、私には全く特別感はありませんが、おいしい料理が食べられる最高にうれしい一日です。太らないように気をつけないと。

새해 복 많이 받으세요～ あけまして、おめでとうございます。

キムジャンデー

韓国といえば、やっぱりキムチ。韓国とキムチは切り離したくても、切り離せない関係です。韓国では、十一月から十二月にかけて김장（キムジャン）を行います。キムジャンというのはキムチ作りのことで、家族や親戚の女性たちが集まり、協力して一年分のキムチを作る行事の

ことです。

やっぱり韓国人にとっては、キムチはなくてはならない存在のようです。どれだけ作るかは家庭によって違いますが、うちは白菜二十個分。このキムジャンの季節になると、白菜のお値段が、ぐーーんと上がります。キムチ用白菜というのがあるのですが、なんと、お値段、二十個で一万円ほど。ちょっと高すぎじゃないですか？　日本のバレンタインにチョコレートが莫大に売れるのと同じく、韓国では白菜が売れまくる時期なのです。

キムチを愛してやまない韓国人の家庭には、キムチだけを保存する「キムチ専用冷蔵庫」というものがあって、一年分のキムチを保存できるようになっています。やっぱり、キムチ様は特別扱い。家の食卓の王様です。さて、キムチ冷蔵庫と普通の冷蔵庫とは、何が違うのでしょうか？　前々から気になっていたのですが、キムチ冷蔵庫は普通の冷蔵庫よりも小さく、温度が低いそうです。そういうわけで、一年分のキムチを腐らせずに保管できるってわけですね。キムチだけでなく、果物をキムチ冷蔵庫で冷やして食べると、おいしさ二倍！　キンキンに冷えた風呂上がりのビールも最高ですね。

キムチにするのは白菜だけではなく、セリや大根なども、あっという間に真っ赤になってキムチに大変身します。この真っ赤な正体は、にんにく、しょうが、ねぎ、からし菜、米、そして、粉唐辛子。この赤いのを野菜一枚一枚に丁寧に塗っていきます。いろいろと具材が入っていて、本当に体によさそう。こんなものを作れるオンマはすごい！　韓国のオンマはなんでも

←キムチ専用の冷蔵庫

作れちゃうんですね。キムチも家庭によって全然味が違って、からーいキムチから、日本人好みのあんまり辛くないキムチまで。キムチは長い時間が経てば経つほど酸味が効いた酸っぱい味になります。やっぱり、韓国の人は辛い味がしっかりついたキムチがお好みのようで、日本のスーパーに売っているような日本人の口に合わせて作られた甘いキムチは、お口に合わないようです。

それにしても、一日中かかるキムチ作り。韓国の女性にとっては大変な一日です。オンマは、なんでもテキパキとこなせる人で、全部一人でやっちゃいますが、将来はチェサに加え、キムジャンも私がしないといけないと思うと、今からちょっと焦ってる私。「作り方を教えてください」と言うと、「ただやればいいのよ！」と、またいつもの決まり文句。その「ただ」がわからないから困ってるんだよ～。オンマはただでさえ大変なのに、私に教えながら作るとなると、倍時間がかかるから面倒なんでしょう。私は、どうしたら？　これから私はちゃんと韓国で生活していけるんかな……。心配性の種が大きくお花を咲かせています。

お葬式はどんちゃん騒ぎ？

韓国に来て、私がうれしいと感じていること。「うれしいこと」と表現するのはちょっとおかしいかもしれませんが、それは……街のその辺に葬祭場や火葬場がないことです。韓国に来て、早くも五年の月日が経ちましたが、まだ一度も目にしたことがありません。日本では、あちこちに葬祭場があるし「○○様、告別式駐車場」とかいうのもよく見かけますよね？　何かにつけて影響されやすい私は、それを見るたびに気分が落ち込んでしまいます。家族はつらいやろうな……ホンマにつらいやろうな……。そんなことを考えていたらキリがないけれど、そう思わずにはいられないのです。どんなに頭が良くても、医者や看護師だけにはなれない。今日も病院の中では誰かが危篤状態に陥り、家族は体を震わせながらベッドを囲み、最後の時を見守る。ピピピピーピーーーーー「ご臨終です」。ダメダメ！　赤の他人でも号泣してしまう。看護師である私の友達は「毎日のことやからな～」とクールに言っていましたが。確かに毎日そういう場面を見ているると、そのうち慣れるのかもしれない。でも、どう考えても到底私にはできない仕事。「死」に関してはかなり敏感な私なのです。大切な家族も友達も、そして私も、人はいつかみんな死ぬんやな……。でも、死んだら、どこに行くんやろう？　今まで出会った人たちのことも、誰かを愛した記憶も、大好きな家族のことも忘れてしまう。全部なくなってしまう。そして、何十年と付き合ってきた自分自身ともお別れ。すべてが終わる。それってていったいどういうことなんやろう……？　私は、また別の誰かとして生まれ変わるんやろうか？余計な心配が私を苦しめるのです。だから、私は、お通夜とかお葬式に参列するのが大嫌い。もちろん、好きな人はいないでしょうが、私は本当に大大大嫌い！　できれば避けて通りたい。なぜかというと、お葬式に行くと、必ず何か変なものをもらってきてしまうからです。お通夜やお葬式に行って帰ってくると、肩に岩が載っているような感じがして、体がすごく重たいし、なぜかごはんは喉を通らなくなるし、その上、吐き気まで催してしまう……。どこまで影響されやすいの？　私は以前、生死を彷徨った経験があるからか「死」に対しては、異常に敏感に反応してしまう人間のようです。「助かる可能性は？」「今のところ半々です」と言われたときのあの恐怖。当時、私はハタチ。心の中で「ハタチで死んでたまるか！」と何度、叫んだことでしょう。もう死ぬことは考えたくない。

　それなのに私の奈良の実家ときたら、右隣はお墓で左隣はお葬儀屋。なんと皮肉なことでしょう。でも、火葬場じゃなくてよかった。日本では火葬場がすぐ家の隣にあったりしますよね？　今日も誰かが人生を終えて、ここで焼かれている……なんて想像するだけで頭がおかしくなりそうです。韓国は「死」を感じさせない国。日本は死んだ人と生きている人が空間を共有している感じ。私はラッキーなことにまだ韓国で一度もお葬式に参列したことがありません。妊娠しているとき、親戚だったか誰かが亡くなって本当なら私もお葬式に参列しなければならなかったのですが、韓国では結婚が決まってる人、妊娠している人は、縁起が悪いということで、参列しなくてもいいらしいのです……というわけで、私自身はよくわからないのですが、生徒さんのおばあさんが最近亡くなられたということで、お葬式事情について聞いてみることにしました。

まず、お葬式は病院の地下にある葬儀場で行われることが多いようです。誰かが亡くなったら、その人の同僚や友達などが葬祭場にリング状の白い花輪を送ります。垂れ幕には送った人の会社名、名門校を卒業した人は学校の名前を書き、その学校の旗まで飾るのだとか。例えば「サムソン」とか「ソウル大学」とか書いてあると、それを見た人は、「うわぁ～素晴らしい人生を送ってきた人なんだろうな」とか「金持ち家族なんだろうな」とか称賛するわけです。韓国ではどの大学を卒業して、どの会社に就職したかがとても重要。お葬式でもそういうところはきっちり参列者のチェックが入るようです。

喪服は日本と同じで黒。でも、必ずしも黒でなくてもいい、そんな曖昧な感じだそうで。なんとも韓国人らしいというかなんというか。遺族は黒っぽいチマチョゴリ（黒っぽいチマチョゴリを着ている人、今まで見たことないな〜）そして、男性はスーツです。

お葬式といっても、葬儀を行う部屋にお棺はなく、ただ写真とお花が飾られていて、参列した人は、それぞれの宗教に従って写真にお祈りを捧げるだけ。故人の遺体は別の部屋に保管されているのですが、出棺する当日までお棺には入れず、寝台に寝かせてあるそうです。きれいにお化粧をしてもらって、仕上げにはキラキラしたものを顔いっぱいに付けるのですが、それは、あの世に行ったら、すぐに見つけてもらえるように、という意味があるんだとか。最後の日には、ミイラのように頭から足の先まで全部、白い麻でぐるぐるに巻いてお棺に入れます。日本のようにお棺の中を花で飾るとかはなく、お金だけを入れるのですが、それは、あっちのご飯代やバス代。あっちでもお金に困らず、おいしいものを食べながら順調に進んでいけますように、という家族の気持ちのようです。

火葬場までは大型バスの荷物入れにお棺を入れて出発。バスにお棺を入れるのにはビックリですが、でも、さすがにそのバスが次の日には普通の観光バスになるとか、そういうことはないらしいです。火葬場に着くと、人がうじゃうじゃいっぱいいて、焼いてもらうまでにはかなり時間がかかるらしく、まるで病院で順番待ちしているみたい、と彼女。「○○様のご家族様」と呼ばれると、行って焼いてもらう。待っている間、家族はカフェでお茶。焼き終わると骨を骨壺に入れ、山のような形をしたお墓に埋めます。日本のお墓は石で作られていますが、韓国のお墓はただのちっちゃい山。頻繁に行ってお手入れしないと、草がぼーぼーに生えて、そのうち墓の影も形もなくなってしまいます。お盆にお墓参りするときもお手入れをしないで行くと、周りは草だらけでお墓さえ見つけられない！　ということもあり得るので、前もって草刈りをしにいかなければなりません。お墓参りもひと苦労というわけです。

お葬式まとめ。韓国では日本のお葬式のように暗くて怖い感じではなく、食事の時間などは、割とワイワイガヤガヤしているようです。特に、年を召された方が亡くなられた場合は「ここまで長生きしてくれてありがとう」という意味を込めて、パーティーみたいになるのだとか。以前、主人の友達が亡くなって、主人がお葬式に行ったことがあったのですが、電話してみると異常にワイワイしていたので、まさか私に嘘ついて、飲み会に行ってるちゃうやろな！　と本気で疑ってしまったほどです。若い人が亡くなっても、どんちゃん騒ぎされるのか……。でも、そうしてくれたほうが亡くなった人も、未練なくあの世にスッと行けるのかもしれないな、という気もします。家族やこの世に残された人がいつまでも未練を断ち切れずにいると、死んだ人も、なかなかあの世に行けないと聞いたことがあります。それはそうかもしれない……もし、私が韓国で人生を終えることになったら、お葬式は、どんちゃん騒ぎのお祭り状態になるのか？　ま、それもあり。でも、涙のひとつくらい見せてほしい。主人はいつも「もし、自分が先にミナコを見送る日が来たら、骨は半分日本に郵送してあげるわ」と言っていますが……ぜひ、そうしていただきたい。私は、大好きなお父さんとお母さんと眠りたい。あなたとは、この世限りのお付き合いよ。さらば！

韓国のいろいろ記念日

韓国にはいろんな記念日があることをご存じでしょうか？　韓国人は記念日が大好きなので、とにかく記念日や行事が多い。まず、カップルにとっていちばん大切な記念日は「百日記念日」。付き合ってから百日目を記念してお祝いする日です。カップルにとっては、とてもとても大切で重要な記念日で、絶対に忘れてはならない日。忘れたら彼女に殴られてしまうかも？　それくらい特別な日なのです。もちろんカップルによって違いますが、普通はプレゼント&手紙を交換して、ケーキを食べながら記念日のお祝いをするそうですよ。

とにかく韓国人男子は、記念日を大切にするロマンチスト。それから、サプライズが大好き！　……とはいっても、これも地域によって随分違って、南の地域の男性はシャイで、自分の気持ちを言葉で言い表すことが大の苦手。私の主人もまさに！　クールというか、ちょっと愛想のない感じがします。それに比べて、ソウルや北の地域の男性はサプライズやイベントごとが大好き（らしい）。

彼女にプロポーズをするときも、どうしたら彼女に喜んでもらえるか？　試行錯誤を繰り返し、ロマンチックなプロポーズの計画を立てたりするようです。友達も彼氏からプロポーズを受けたとき、赤い花束をもらって、ひざまずきながら「僕と結婚してください」と言われたと。キャ♡　またほかの友達は、急にペンションみたいなところに呼び出されて、ついていったら、そこには部屋いっぱいのピンクの風船。部屋はかわいくお花でデコレーションされてあって、テーブルの上にはケーキ。そして、薔薇の花束とともにプロポーズ。なんて素敵なんでしょう。そういえば、私はプロポーズされてないぞ！　今になって腹が立ってきた！　私の話はさておき、女性ならこんな素敵なサプライズは誰でもうれしいはず。結婚記念日も夫婦にとっては大切な日ですよね。韓国では男女にまつわる記念日がとても多いのです。それでは、どんな記念日があるのでしょうか？　一緒に見ていきましょう。

★一月十四日（日記の日）

新しい年を迎えたことを記念して、日記をプレゼントする日。

★二月十四日（バレンタイン）

日本と同じく、女性が好きな男性に愛の告白としてスイートチョコレートを贈る日。ちなみにアメリカでは、男性が女性に薔薇の花をプレゼントします。小さな男の子もかっこよく胸ポケットに赤い薔薇の花を一本さして歩いているのをよく見かけました。Ｏｈ　ＡＭＥＲＩＣＡ！　金髪で青い目の男の子には赤い薔薇の花がよくお似合い。

★三月十四日（ホワイトデー）

これも日本と同じ。チョコレートをもらった女性にお返しをする日。

★四月十四日（チャジャン麺デー&ブラックデー）

チャジャン麺というのは中国の麺料理とされているのですが、実は中国にはないらしく、韓国だけに存在するもののようです。うどんよりちょっと細めの麺に、お肉や玉ねぎなどがたっぷり入ったチュンジャンという黒いソースをかけて食べる麺料理。バレンタインにチョコレートをもらえなかった人たちが集まってチャジャン麺を食べる日です。この集まりに参加した人たちは、ここで彼氏&彼女を見つける場合もあるのだとか。

★五月五日（子どもの日）

子どもにプレゼントをあげたり、一緒に遊んだり。子どものための日。

★五月十四日（イエローデー）

黄色い服を着て、カレーを食べる日。四月十四日のチャジャン麺の集まりに参加しても彼氏&彼女ができなかった残念な人たちが一人でカレー食べる日。悲しい〜。

★五月十四日（ローズデー）

男の人が女の人に薔薇をプレゼントする日。

★五月十四日（青年の日）

キス、薔薇、香水を贈る日。

★五月十五日（先生の日）

普段お世話になっている先生に感謝の気持ちを込めて、プレゼントを贈る日。学校でも先生のためのいろいろなイベントが行われます。この日は先生が主役。

★五月二十日（両親の日）

韓国では日本のように「父の日」と「母の日」が区別されていません。ちょっと素敵なレストランを予約して両親と一緒に食事をするのが一般的。

★五月二十八日（仏様のお誕生日㊗）

仏教の人はお寺に行って、仏様にお祈りをします。この日、寺に行くと無料でビビンパが食べられるというラッキーデー。街には色とりどりの提灯がきれいに飾られていて、街全体が祝日モード。

★六月十四日（キスデー）

カップルがキスをする日。

★七月中旬から八月上旬（三伏の時期　参鶏湯《サムゲタン》を食べる日）

参鶏湯とは鶏肉料理で、鶏一匹、中身をくりぬいて、その中に薬草やごはんを詰めて煮込んだ料理。暑い季節に熱いものを食べて、スタミナをつけるという意味があるそうです。韓国語で「以熱治熱《イヨルチヨル》」といって「熱を以て、熱を治す」という意味。

★七月十四日（シルバーデー・リングデー）

カップルが銀の指輪を交換し合う日。

★八月十四日（緑の日）

カップルで森を散歩する日。

★九月十四日（写真の日）

カップルで写真を撮る日。

★十月十四日（ワインの日）

カップルでワインを飲む日。

★十一月十一日（ペペロの日）

友達やお世話になってる人にペペロ（日本の「ポッキー」のようなスナック菓子）を贈る日。日本のバレンタインみたいにデパートやコンビニ、あちらこちらあらゆるところでペペロが売られています。

★十一月十四日（映画&クッキーの日）

カップルで映画を見ながらクッキーを食べる日。

★十一月二十五日（双子の日）

★十二月十四日（告白&ハグの日）

告白したり、ハグしたり……

★**十二月二十四日（クリスマスイブ）**

★**十二月二十五日（クリスマス㊗）**

韓国はキリスト教の人が多いため、クリスマスは祝日です。日本と同じように、彼氏彼女がいる人は一緒に過ごすことが多いよう。

やっぱり、韓国ってカップルのための記念日が多いですね！ それにしても、「カップルで森を散歩」だの「カップルで写真を撮る」だの「カップルでワインを飲む」だの韓国人カップルはみんな実践しているのか謎ですが、レイジーな私は考えただけでも面倒くさい〜。

犬はスタミナ食

韓国にはおいしいものがいっぱい。プルコギ、サムギョプサル、参鶏湯、ポッサム、タッパル、チョッパル、チゲ、チヂミなど。それから、おやつ感覚で簡単に食べられるものをプンシッ（粉食）といって、その代表的な食べ物といえば、やっぱりキンパ（韓国のり巻き）です。安くて、おいしくて気軽に食べられるキンパは私の大好物。種類も豊富で、ベーシックなキンパ（たくあん、ほうれん草、きゅうり、にんじんなどが入ったもの）、それから、野菜キンパ、とんかつキンパ、ツナキンパ、エビフライキンパ、チーズキンパ。どれもおいしいのですが、厄介なことに、キンパには胡麻油がたっぷりと入っていて、とっても高カロリー。韓国人に長年人気を誇るのが、ツナキンパ。韓国人は、ツナ、まぐろが好きなようです。キンパのほかには、トッポギ（細長い餅と玉ねぎをコチュジャンで和えたもの）、ラーメン（韓国には、インスタントラーメンしかありません。しかも、ほとんどが赤くて辛い！）、うどん（素うどんのみ。残念ながら、全然コシがありません）、オムライス（とにかく大きい！　ごはんも2杯以上ありそうです）、ラッポギ（ラーメンとトッポギをコチュジャンで和えたもの。だから、ラッポギなのかっ。ボリューム満点で若者に大人気。ダブル炭水化物で間違いなく高カロリー。コチュジャンって辛いイメージですが、実は砂糖がたーくさん入っています）、チゲ（キムチチゲ、味噌味のテンジャンチゲなど）、チョルミョン（「ミョン」とは、麺のこと。もちもちした麺の上に、いろいろな野菜と卵を載せて食べます。これは結構辛いので、辛いのが苦手な私は、もしかしたら、マヨネーズを入れたら味がまろやかになるかも？　と思ってやってみたら、結構イケたので、それからというもの必ずマヨネーズを入れて食べています。でも、これは韓国人からしたら間違いなく邪道）。

それから、ちょっと変わった食べ物もあります。例えば、

①さなぎ（お寺やお祭りなどのイベントがあるときは、よく露店で売っていて、結構、強烈な臭いを放っています。見た目もグロテスク。まさに、ザ、ムシ。挑戦するには、かなりの勇気が要りそうですが、韓国人の中には、香ばしくておいしいという人もいるようです。お味は、どんな感じなのでしょうか？）

②スンデ（豚の腸詰め。豚の腸の中に春雨のような麺が入っていて、見た目は、ながーく黒い蛇が巻いている感じ。短く切ると、黒いソーセージ。時間が経つと、すごい臭いがするので、できるだけ早く食べるのがオススメです。見た目はさなぎに負けないくらいグロテスクなので、日本人は食べられない人が多いようですが、私は、大好き。北の地域では塩をつけて食べ、南の地域では味噌をつけて食べます）

③蛇の酒（蛇を漬けておいたお酒が体にいいと、年配の方は蛇のお酒を召し上がるそうです）

④犬（韓国には食用の犬がいます。私にとって、犬はペット。これだけは勘弁していただきたい。十六年一緒に過ごした愛犬トムも韓国に来たら、食用になるような……。特に、風邪をひいたときには、犬を食べるとスタミナがついていいそうです）。

韓国ならではの食べ物も結構ありますね。私は、蛙を一度だけ食べたことがありますが、パサパサとしたチキンのような食感でした。決しておいしいとはいえないけど、食べられなくもない、そんな感じ。中国では、蛇を食べますが、かなりの高級料理だそうですよ。私も蛇は食べてみたい。皆さんは、どんな変わった食べ物に挑戦してみたいですか？　韓国にいらっしゃったら、ぜひ、スンデを召し上がってみてください。私のイチオシです！

鍋はOK！ ストローはNG！

日本と韓国。食事のマナーも随分と違います。韓国では食事をするとき、ステンレスの箸とスプーンを使い、基本的にご飯はスプーンで食べます。それから、食器の並べ方ですが、スプーンとお箸は食器の右側に縦向きにして置き、汁物は必ずごはんの右側に置くというルールがあります。左側に置くと、死んだ人を意味するんだとか。日本の箸渡しみたいなものでしょうか？

それから、何を食べるときも音を出してはいけません。日本では麺類を食べるときなどは、音を立てて食べますが、韓国ではこれもダメ。でも、韓国のおばさんたちは、すっごい激しい音を立ててガムを噛んでますよー。よくそこまで音を出せるな！ てくらい、クチャククチャ、クチャクチャと。そして、日本といちばん違うのは、韓国ではご飯を食べるとき、お茶碗はテーブルに置いたまま食べます。日本のように持ち上げて食べると、おなかをすかせた犬がお皿にがっついているように見えることから下品な食べ方とされているようです。ちなみに、韓国では犬に対してあまりいいイメージがないようで、悪口を言うときには、犬に例えることが多いんですね。例えば「おまえは、犬の子だ！」なんていうのは、すっごいひどい悪口になるわけです。犬が大好きな私にとってはつらい……。

日本ではちょっと考えられませんが、片膝を立てて座ったり（これは、ダメなのかな？　でも、よく見かけます、特におばさんですね）、あぐらをかいて食事をするのはＯＫ。カフェなんかに行ったら、女の人が靴を脱いで、椅子の上にあぐらをかいて座っているのをよく目にします。でも、スカートを穿いて、それはやめたほうが……この座り方は、日本でいう正座のようなもので、正しい座り方のようです。

そして、韓国では、みんなで食事をするというのが一般的。一人一人、別々におかずがあるわけではなく、テーブルに何種類かのおかずがあって、好きなものを取って食べます。でも、取り皿はなし。レストランや食堂に行っても、基本的に取り皿は頼まない限り出てきません。取り皿がないと私は不便なんですが、韓国人は、ごはんの上におかずをのせてガッツリいくんですね。それより、日本人にとって抵抗があるのは、鍋料理などを食べるとき、自分のお箸やスプーンをそのまま鍋に突っ込んで食べること。私は日本人にもかかわらず全く抵抗がありませんが、やっぱり、ダメな人は本当にダメなようです。日本人の知り合いは、「あり得ない！」と言っていたし、韓国人の親友も家族と親友以外は絶対ダメ！　人の唾液がついたものは食べられない！　と言ってました。だから、彼女は会社の仲間たちと鍋料理を食べにいっても、毎回「食欲がない」だの「おなかの調子が悪い」だの、いろいろ理由をつけて何も食べないそうなんですが、それも大変……。韓国は、ただでさえ会社の食事会&飲み会が多いのに、毎回そんな理由で食べないわけにもいかないだろうに。潔癖症の彼女、ここでの生活は何かとストレスが溜まるようです。

そして、私がいちばん混乱したのは、韓国のストロー文化。「ストロー文化」っていっても「韓国人はストローがお好き」とか、そういう話ではなく、日本人とはストローの使い方、ストローに対する意識が全く違う気がします。例えば、カフェでお茶をしているとき、相手の飲んでいるジュースが気になって、味見したいなーなんて思うことは誰にでもありますよね？　そんなとき、皆さんならどうやって飲みますか？　「ひと口ちょーだい」と、普通は相手のストローで飲みますよね？　でも、韓国人は自分のストローを相手のコップに挿し込んで飲むんです。主人とまだお友達だったころ、一緒にカフェに行ったことがあったのですが、私のオレンジジュースに自分のストローを挿して飲まれて、不思議な気持ちになったことをふと思い出しました。恥ずかしいのか？　それとも、単に私のストローで飲むのは嫌なのか？　いや、ひょっとして、この人は潔癖症？　いやいや、ただこの人が変わった飲み方をするだけ？　などと、主人の表情を観察するようにじっくり見ながら考え込んでしまいましたが、韓国では、まだあまり親しくない相手のストローで飲むのは失礼だとされているようです。ペットボトルで飲むときも、口をつけずに飲んだりします。でも、もちろん恋人同士や仲のいい友達は別。ストローで飲むときはこんなに気を遣わないといけないのに、鍋をつっつくときは、みんな一緒でOK！　なんて、なんだか不思議。ストローは間接キスになるからダメなのか？　なんか小学生のころを思い出させてくれるコトバ……唾液が交わる量を考えれば、鍋料理がもっとすごいぞ。いったい、何が基準なんだ？

魔法のお茶　五味子茶

韓国人もお茶が大好き。韓国のお茶といえば、どんなお茶を思い浮かべるでしょうか？　十七차（シッチルチャ　十七茶）、日本では十六茶。옥수수수염차（オクススヨンチャ　トウモロコシのひげ茶）、最近は日本でも人気上昇中。보이차（ボイチャ　プーアール茶）、これは中国のお茶か。韓国でもよく飲まれています。보리차（ボリチャ　麦茶）日本でも韓国でも夏の定番。대추차（デチュチャ　なつめ茶）ほんのり甘くておいしい味わい。유자차（ユジャチャ　柚子茶）柚子ジャムみたいなのをお湯に溶かして飲みます。日本人はジャムとしてパンに塗って食べる人もいるとか。私も試してみたのですが、これはホントのジャムとしか思えない！）둥굴레차（ドングレチャ　アマドコロ茶）、ほうじ茶みたいな香ばしい味がします。

私のお気に入り！　最後は마테차（マテチャ　南米茶）、このお茶は外国人に人気があるお茶で、ちょっと独特な味がしますが、私は大好き。

そして、最近私がはまっているのが、오미자차（オミジャチャ　五味子茶）です。五味子茶は、漢字のとおり五つの味が含まれているお茶で、苦味、甘味、酸味、塩味、辛味。飲んだ瞬間、五つの味が同時に口の中にふわぁ～と広がります。その中でも特に強く感じる味があると思いますが、その日の体調によって、強く感じる味が違うという不思議なお茶。

漢方としても使われている韓国の伝統的なお茶、五味子茶は、まさに体調のバロメーター。例えば、苦みを強く感じた場合は、貧血気味。甘味→老廃物が溜まっている。酸味→ストレスを感じている。塩味→下半身が冷えている。辛味→体のエネルギー不足。また、それぞれの五つの味が体の各臓器に働く役割をしているそうです。苦味と酸味は肝臓を、甘味は子宮を、そして、辛味と苦味は肺を保護してくれます。また、ビタミンが豊富に含まれていて、レモンの八倍もあり、目の疲れ、肩こりも癒してくれます。そして、何よりいちばんうれしいのは、血液サラサラ効果。魔法のお茶を飲んで、健康と美容を手に入れちゃいましょう！　……ってなんか五味子茶の宣伝みたいになってしまいましたが、なんとも癖になる味、五味子茶。ぜひお試しあれ！

第6章

知ってビックリ玉手箱

初めての教習所

蔚山には電車も地下鉄も通っていません。毎回バスで移動するのも不便で、やっぱり運転したい！　という気持ちを抑えきれなくなった私は覚悟を決め、教習所に通い始めました。

外国で教習所に通うなんて、夢にも思っていなかったこと。日本と大きく違うのは、韓国の教習所は練習時間を自分で選べるようになっています。八時間、十時間、十四時間、最大十八時間まで。高いお金を払いたくないとか、自分の運転に自信があって、練習はさほど必要ない！　という人は八時間コースを選ぶのですが、こんなんで大丈夫なのかと不安になってしまいます。

ちなみに私は、毎日二時間の計十四時間コースを選びました。一日目は、教習所内で運転の練習をし、二日目からは、なんと路上運転。まだエンジンのかけ方もままならない私が二日目から急に路上運転なんて無茶な話です。それだけでも相当怯えていたのに、私を担当してくれることになった教官は、サングラスをかけた貫禄いっぱいで、見るからに怖ろしいヤクザ感満載のおじさん。「どうか優しい人にあたりますように」と心から祈っていたのにもかかわらず……私の心の叫びは届かなかったようです。

早速、運転の練習が始まりました。おじさんは「早く！ 早く！ 早く！ どうして今このタイミングでブレーキ踏んだ？ こんなにゆっくり走ってたら事故になるぞ！」と急かす急かす。いやいや、だって、おじさん！ 生まれて初めてハンドル握る人間に、そんな無茶言わないでよ。大恐怖に襲われ、ろくに瞬きもできないほど集中している私に「結婚してる？」、「子どもは？」、「韓国に来て何年？」、「何歳？」と質問攻め。その質問だけでもうんざりしているのに「いや～、今までいろんな人見てきたけど、君みたいなせっかちな人には初めて会ったよ～」と独り言のようにつぶやくおじさん。今、なんと？ なんとおっしゃいました？ 私のどこがせっかちなのよー？ ついさっき「早く！ 早く！」と散々、私を焦らせてた人は誰よ？ 私の何を見て、せっかちと言ったのかはわかりませんが、韓国人にせっかちと言われてしまった私。

結局、ひっきりなしに話しかけられたせいで、私は全く運転に集中できず。そして、今日はここで何を学んだのかもわからない状態で終わっていく……。虚しい。苦情のひとつでも言いたいくらいの気持ちを抱えながらも「集中できないので、運転中は話しかけないでもらえますか？」と言い出せない私は、やっぱり、ノーと言えない日本人。オブラートに包んだ表現さえ思いつかない。このまま終わっていくのか……。

練習内容も四つの決められたコースをひたすら走るだけで、高速道路を走る練習もなければ、駐車の練習もろくにありません。駐車は縦列駐車の仕方をほんの少しかすったくらい。「横にあるポールに合わせてバックしろ」だのなんだの……。でも、実際に駐車するときにはポールはないのに、どうやって駐車しろというのか？　自慢じゃありませんが、私は決してそんな応用が利く人間ではありません。二日目の路上運転から始まり、高速道路走行練習なし。駐車の練習もほぼゼロに近い。お金払って教習所通ってる意味ないやん！　道路を自由自在に走れるようになったところで、駐車ができなかったら意味ないいんですけど？　何を学んだのかいまいちよくわからないまま、いよいよ実技試験が始まります。

恐怖の実技試験

韓国でも、もちろん車の免許の試験があり、日本と同じように筆記試験を受け、合格して初めて実技の練習が始まります。何を学んだのかさっぱりわからない二週間の練習を終え、いよいよ実技試験が始まります。A、B、C、Dというコースがあり、試験が始まると、教官に指示された道を走ることになっています。どのコースにあたっても道を間違えずにスムーズに進めるように、頭の中にコースをインプットして臨まなくてはいけません。

試験当日の朝、お義父さんが「予行練習をしよう！」と、試験が始まる前に愛車ですべてのコースを一緒にまわってくれました。鈍くさい嫁を思いやり、何から何まで気を遣ってくれるお義父さん。感謝の気持ちは言葉では言い表せません。お義父さんに別れを告げ、私は試験を受けるために教習所の事務室へ。「必ず九時五十分までにここに来てください」と念を押されていたのに、試験が始まったのは十一時。あれはいったい、なんだったのか……。ま、ありがちなこと。大目に見てあげることにしましょう。

試験前後にはほかの受験生がテスト運転する車に乗り込み、コースを一周します。受験生は何度も隣の車とぶつかりそうになったり、途中でエンジンが止まってしまったり、かなり緊張されてる様子。教官のおじさんも自分の命がかかっているからなのか「何回、同じことを言わすんだよ！」と大声で叫び、なぜか関係のない私までビクッ！　次は、もしかして私も怒鳴られる？　と思うと、緊張はピークに達していました。

そして、ついに私の順番が回ってきました。「私は本番に強いから大丈夫」と一生懸命、自分に言い聞かせ、深呼吸をして、ゆっくりとアクセルを踏んで走り始めました。すると、教官のおじさんは私の顔も見ず、無表情で「四十キロ以上！」と、ひくーい声で。「はい」。スピードが遅すぎんのか……。しばらくすると「信号無視！」と大声で注意をされてしまい、頭の中は真っ白に。え？　信号なんてどこにあった？　何点減点されるんやろ？　まさかこれで落とされるってことないよな？　「信号無視！」と言われたそのひと言で、私はパニック状態に陥ってしまったのです（すぐパニックになる私）。だって、あんなにお義父さんに練習してもらったのに、試験に落ちたら申し訳なくて合わせる顔もありません。しゃれにならん。ダメだ！　ダメだ！　こんな弱気ではダメだ！　気を取り直して、落ち着いて、落ち着いて、落ち着くんだ！　私！　この呪文がきいたのか、その後は割とスイスイと順調にいけました。

やっと終わった！　これこそ、私が待ち望んでいた瞬間。教官のおじさんは、手に持っている紙にハンコをポン！　う〜ん。でも、これは合格のハンコなのか？　それとも……？　そんなことを考えているうちに、次の受験生の試験が始まりました。彼女も相当緊張している様子です。何か注意をされるたびに「すいません。すごく緊張しています」と繰り返す彼女。わかるよ〜。気持ち、痛いほどよくわかる！　緊張でガチガチに固まってる彼女に教官のおじさんは、相変わらずぶっきらぼうに「そんなもん言い訳にならん！」と、また絶叫。叫ぶことが趣味なんか？　このおじさんは。緊張を和らげてあげようなんて気持ちはさらさらなさそうです。

彼女の試験も無事に終わり、ドキドキしながら紙を受け取ると、そこには「合格」のハンコが。やった！　めでたく彼女も私も合格です。彼女は車を降りた瞬間、私の手をギュッと握り、その小さい体で私を抱きしめながら、「ほんとに緊張したよね。でも、お互い合格してよかったね」と涙ぐみながら話してくれました。なに？　このドラマみたいなん。この状況、もし相手が私じゃなくて男やったら、間違いなくコロッといくやろな〜ぁ……って、さすがに男にはハグせんかっ（私の大得意な妄想が始まりました）。でも、自分の気持ちや感情を包み隠さず、表現できるのって彼女の魅力なんやろうな〜と、不思議な感動を覚えました。一度は抱き合って感動を分かち合った人。長い人生の中で、たった三十分あまり時間をともにした人。今はどこかですれ違っても、お互い全然わからへんねやろうな〜なんか切ない。今ごろ、彼女は暴走族のようにエンジンをふかし、車を走らせているかもしれない……なんて、時々彼女のことを思い出したりします。それにしても、無事合格できてよかった！　私はやればできる！　あっぱれ！

離婚の危機

やっとの思いで運転免許を取った私。思い返せば、長い道のりでした。まず問題集を買って試験対策！　やる気満々なのはいいけど、よくよく考えてみれば、韓国語で試験を受けんとあかんねやった……ガーン。しかも、最近はパソコンで試験を受けるらしいのです。乗り越えなければならない壁①韓国語、壁②パソコン。こっちでの日常会話くらいは大丈夫になったとはいえ、韓国語＋運転免許の勉強をしないといけないなんて面倒くささ二倍。

중앙선（中央線）、앞지르기（追い越し）、비상점멸등（非常点滅ライト）

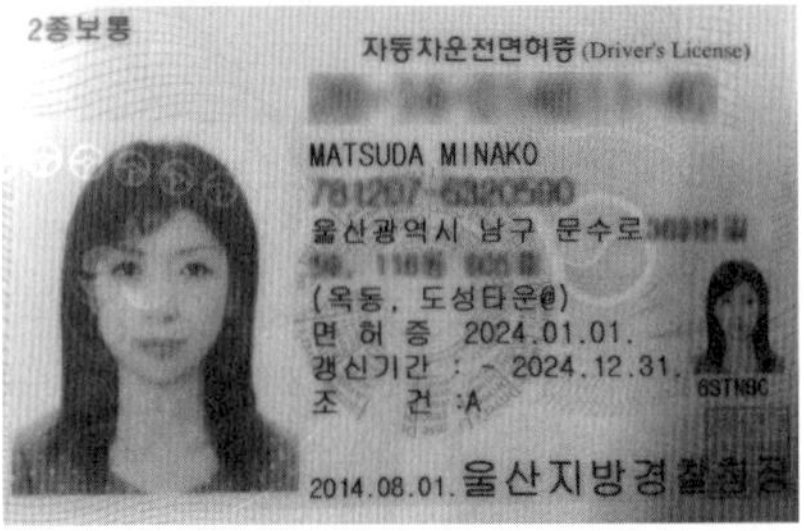

긴급정차（緊急停止）、주차위반（駐車違反）、제한속도（制限速度）

まず、単語帳作りからです。はぁ〜終わりが見えない。それから、もう一つの心配はパソコン。アナログ人間の私がパソコンで試験を受けるなんて。大丈夫やろか？　いろんな心配事を乗り越えて、無我夢中でもがいてきた日々。長かった。外国で運転免許を取るのもひと苦労です。私、ホンマによく頑張った！

でも、喜んでいられるのは束の間。これからは自分で車の運転の練習をしなければならないという厳しい現実が待っています。いきなり一人で運転はできない……本当なら家族に教えてもらうのがいちばんだけど、韓国では「夫婦で車の運転の練習をすると離婚する」という話があるのです。ん？　なんで離婚？　初心者の運転に付き合うとなると、自分の命がかかっているから、少しでも自分の身に危険を感じたら、妻に絶叫してしまう。自分の運転と違うと、口を出さずにはいられなくなる、というわけです。でも、初心者からしたら、あれこれ言われても、最初から言われたとおりにできないわけです。だって、初めて運転するんやから。そして、口げんかが始まり……それが離婚につながるってわけですね。私だって、あれこれ口うるさく言われたら、やる気をなくしてしまうし、できることもできなくなってしまいます。主人には頼まんほうがいいんやろうな〜。でも、悲しいことに頼ることができる人は主人しかいないという現実。死ぬ思いで免許を取ったのに、ペーパードライバーだけにはなりたくない！　というわけで、仕方なく主人に練習のお願いをすることにしたのです。でも……後悔だけでは片づけられない。頼むんじゃなかった。「夫婦で車の運転をすると離婚する」というこの言葉の重さを身をもって体験した、という感じです。

運転の練習を始める前に、「運転中にあれこれ言われたら、頭が真っ白になって余計にわからんくなるから、優しく教えてや」と何度もお願いしたのにもかかわらず、私が運転席に腰を下ろした瞬間、別人のように険しい顔で私をにらみつける主人。そして、アクセルを踏んだ瞬間「そんなゆっくり走ってたら事故になる！　後の車に迷惑になるから、もっと早く行ってよ！　早く！　早く！」。主人はイライラを抑えられない様子。あんたも教習所のおっちゃんと一緒やん。私も最初は我慢していたものの、だんだんと怒りが抑えられなくなってきます。もうマジでうるさい！　ウザい！　「後の車に迷惑になる」とかわけのわからんこと言ってるけど、ここはほとんど車も通っていないような田舎道。誰も急いでやしない。そんなに私が邪魔になるんやったら、追い越しすればいいだけの話。何をそんなにゴチャゴチャと。急かされたら、それがかえって事故の原因になることわからんのかな？　こんなんやったら一人で練習したほうがまし。

主人は「自分は人に教えるセンスがない。人に何かを教えようと思ったら、ストレスが溜まって寿命が縮まる」と口癖のように言っていますが、そのとおり。教えるセンスはゼロ。それどころか、人にやる気をなくさせる天才ちゃうか？　人をイライラさせる天才。自分だって初心者のときがあったのに、そんなときのことは一瞬たりとも顧みず……。まるで、自分は最初からプロの運転手だったかのような態度。たいしたもんや。

でも、私の主人はこれでもまだましなほうなんかな～？　と思ったのが……私のママ友も旦那さまに車の運転練習をお願いしていたらしいのですが、その旦那さんも主人と同じく初心者のママ友にイライラしながら、厳しくご指導されていたそうです。うちのように「もっとスピード出せ！」とかそういうことではなく、ママ友のご主人の場合は、走っていると、急に「ここ右に曲がって！」とか「ここ左！」とか、交差点の直前になって言うらしいのです。そう言われても、初心者には、なかなか高いハードル。運転に慣れてる人でも、まっすぐ行こうと思ってるところを急に「あ、ここ左に曲がって！」と言われたら、曲がりきれない場合もあると思うんです。ママ友は指示されたとおりの道を行けずにあたふたしてると、旦那さまは「ほんとに○○は、人の言うこと聞かないんだな！」と怒り爆発し、「もう君の運転練習には付き合いきれないよ！」と、その場で車から降りて彼女を車の中に置き去りにし、タクシーに乗って一人で家に帰ってしまったというのです。ここで置き去りにされても……。事故にでも巻き込まれたら取り返しがつきません。そういえば、私も教習所のおじさんにギリギリになって右折だの左折だの言われて、すごく大変だったことを思い出しました。なんで前もって言ってくれないんでしょうか？「あと一〇〇メートル走ると、交差点があるので、そこを右折しましょう」とか、そういう言い方は思いつかんのか？人との約束にしても、何にしても「急」。どうもこれが韓国式のようです。

戦争勃発

時々、バス内で運転手のおじさんとお客さんが言い争いをしているのを見かけます。日本だと一〇〇パーセントお客さんの立場が強くて、お金をもらっている立場の人は、お客さんから少々理不尽なことを言われても、我慢して謝るのが常識。でも、こっちではお金をもらっていようが、そんなのは関係ありません。韓国人は、日本人のようにすぐに謝ったりせず、自分が悪くなくても、謝ってしまうのが日本人。逆に、悪いことをしても簡単に謝らないのが韓国人。「ありがとう」と「ごめんなさい」は、日本文化の象徴のような気がします。

先日も、バスの中で運転手のおじさんとお客さんの派手な言い争いが繰り広げられていました。いったい何があったのか？　バスに乗って、しばらくすると、私は異変に気がつきました。いつもと同じバスに乗ったはずなのに、いつもとは全然違う道を走っているではありませんか？　あれ～？　私、乗り間違えたんかな？　ふと、そう思ったとき、あるおばさんが、「あれ？　このバスは九百二十八番のバスですよね？　道、間違えてるんじゃないですか？」と聞いてくれました。運転手のおじさんは、一瞬しまった！　というような顔をして「道、間違えました。ここでUターンして戻ります」と。でも、お客様に対して、「申し訳ありませんでした」というお詫びの言葉は一切ありません。お客さんもお客さんで、特に気にしていない様子で、道を間違えてしまった運転手のおじさんに大笑い。なんて平和で、心の広いお客さんたちなんでしょう。

一人感心していると、さっきのおばさんが急に、「運転手が道を間違えるなんて、あり得ない！」と激怒し始めました。ま～ね……。運転手のおじさんもさっさと謝れば、おばさんの怒りも収まるのに「Uターンすればいいだけの話だろ！　一分もかからないことで何をそこまでいちいち……」と逆ギレ。その言葉を聞いて、一段と腹を立てたおばさんは、言い返さずに静かにしてるかと思いきや「今、Uターンする時間をきっちり計らせていただきましたが、ちょうど三分かかっていました」。なるほど。時間を計っていらっしゃったのね。そう、おばさんが黙ってるはずがありません。怒りはますますヒートアップ！「一分以上かかりましたよね？おわびに私の家まで送りなさい！」と。そんな無茶苦茶な。タクシーでもあるまいし、自分の家まで送れとは想像を絶する爆弾発言。運転手のおじさんもおじさん。おばさんもおばさん。どっちもどっち。お二人さん、人間的に同じレベルですよー。この二人のあり得ない問題発言。ドン引き。

また、お客さん同士のけんかもよく見かけます。最近、仕事で大邱《テグ》に行く用事があって、指定席の長距離バスを利用したときにも、派手にけんかしているおばさんたちを発見しました。出発直前に急いでバスに飛び乗ってきたおばさん、必死に自分の席を探している様子でした。見つけたと思ったら、そこにはほかの人が座っていたので、「すいません、ここ私の席なんですけど」と言うと、間違って座っていた人は自分の席でもないのに、どうしてもこの席に座りたい、と席を譲ろうとしません。指定席で席が決まっていると説明しても全く通用せず、また言い争い。勝手に人の席を奪い取り、注意を受けても譲らないというのはあり得ない話で……。相手のことを配慮して、譲るなり謝るなりしたら、なんの問題にもならへんのにな～。少し勇気を持って、「ごめんなさい」、そう言えたら、すべて解決できるのにな……と考えたりしていました。

ある人が「謝ることは恥ずかしいことだ。特に、五十を過ぎて人に謝ることはあり得ないことだ」と言っていました。人間は何歳になっても失敗を犯すもの。誰も完璧な人間にはなれないのです。おじいちゃんになったって自分が誤ったことをすれば、謝るのは当たり前のこと。個人的にはそう思っているのですが、よくよく思い返してみると、おじさん、おばさんが謝っているのをあまり聞いたことがない気がします。やっぱり、謝ることは恥ずかしいという思いがあるのか、プライドが許さないのか……。日本人のように、「すいません」、「ごめんなさい」と連発する必要はないけれど、でも、やっぱり「ごめんなさい」は、みんなの心を平和にする大切な言葉だと思うのです。

ジェットコースターバス

未だに慣れないのが韓国のバス。高速道路でもないのに、時速百キロくらいのスピードで走行するジェットコースターバスです。そして、この国には車間距離というものがないんか？と思ってしまうほど、いつも前の車とぶつかる寸前で停車。思わず「ぶつかる！」と目を閉じてしまうほど。韓国のバスは、常に危険と隣り合わせなのですが、実はちょっと楽しんでおります、このなんともいえないスリル。韓国のバスに慣れてしまうと、日本のバスはゆっくりすぎてイライラしてしまうかもしれません。

さてスピードはさておき、韓国のバスと日本のバスはどんな違いがあるのでしょうか？　まず、韓国のバスは前から乗って後から降ります。支払いはカードか現金ですが、韓国ではバスに限らず、ちょっとした買い物でもほとんどカードを使います。運賃は市内だと、どこまで行っても百円ちょっとで乗れて、乗り換えも追加料金もなし。命の保証をしてもらえるかどうかは別にして、なんといっても交通費が安いのは庶民には大助かりです。

先ほどもお話ししましたが、蔚山には電車も地下鉄も通ってないので、街中バスだらけ。バス停にも次から次へとバスが来ます。必ずしもバス停の前で停まってくれるとは限らないので、同時にバスが何台も来てしまうと大変。日本のように一台のバスが停まり、そのバスにお客さんが乗り込み、出発したら次のバスが停まるというわけではありません。気が早い韓国人は、自分の乗るバスがバス停の前まで来るのを待てず、バス停からちょっと離れたところに停まっているバスのところまで猛ダッシュで走っていき、バスに乗り込みます。そんなことも知らず、バス停でのんびり待っていた私は、何回バスに乗りそびれたことか。それからというもの、バスに乗りたいときは「私ここにいるよ〜！　私を乗せて〜乗せて〜！」と、両手を挙げ、ピョンピョン跳ねて全身でアピールするようにしています。

やっとの思いでバスに乗れたとしても、また座るまでがひと苦労。まず、バスに乗るときも誰も順番を守りやしません。基本的に「順番を守りましょう。後から来た人は、先に待っていた人が乗ってから乗りましょう」みたいなルールはなく、人を押しのけてでも我先に。他人のことなど考えていたら一生乗れないのです。だから、私はいつも必死。「私が絶対先に乗るからな。順番抜かしは絶対許さんで！」という根性で乗り込みます。そして、バスに乗ろうと片足をバスに突っ込んだ瞬間、出発。なにもそんな急いで出発せんでも……。

出発したら、ウインカーも出さずに急に車線変更するわ、急ブレーキはかけるわ。私は立っているときはいつもフラフラ。私の父も韓国旅行中、バスに乗った瞬間こけていましたが、日本の老人は、ほぼ間違いなくこけてしまうと思います。こっちの人は乱暴な運転に慣れているのか、運動神経がいいのか、こける人はあまり見たことがありませんが、時々バランスを崩してふっ飛んでくる人はいます。ふっ飛んできた人に何回抱きつかれたことか。こんな危険な目に遭っても、誰も運転手に文句を言わないのがまた不思議。何か言ったら、倍になって返ってくるのは目に見えていますが……。

バスの運転手は、決まってどことなく怖い雰囲気で、見るからに気が荒いという感じを醸し出している貫禄いっぱいのおじさん。「このバス、〇〇まで行きますか？」と聞いても、きちんと目を見て、丁寧に答えてくれる運転手さんはほとんどいません。首を縦に振るか、横に振るか。返事がないときはＹＥＳのサイン。走行中も、隣の車とぶつかりそうになったら、「これでもか！」というほど、すんごい目つきで相手の運転手をにらみつけ、暴言を吐きながら猛スピードで走り去ります。信号で停まったときには、窓を開けて隣のバスの運転手さんと仲良くおしゃべりをしたり、運転中は大きな音でラジオやおじさん好みの演歌を聞いたり……中には歌い出す人も。それから、プライベートな電話をしたり、カカオトークを送ったり……。とにかく、ご機嫌で安全運転さえしてくれたらいいわ。それにしても、なんか楽しそう。こんな運転手を見るたびに、韓国って厳しい儒教の国なのか、自由な国なのかわからなくなってしまいます。アメリカより自由やん！

そんな自由気ままな運転手に気を遣わないといけないのは、むしろお客さんのようです。バスから降りるときもバス停に着いたらすぐに降りられるように、一つ前のバス停くらいで立って、出口付近まで移動。ドアが開いた瞬間、素早く降りなければいけません。ちょっとでも、もたもたしてると、ピシャとドアを閉められてしまうのです。韓国に来た当時は、そんなバス事情も知らず、バス停に着いて「さ、降りよか」と腰を上げた瞬間、ドアを閉められ、青ざめたこともありました。なぜなら、その日はインテコでの初授業の日だったのです。まだ韓国語が全くわからなかった私は、「ドアを開けてください！」と叫べるはずもなく、ドアを必死にドンドン叩いて、全力で必死に抵抗。初日から遅刻するなんて、あり得ない！　運転手には散々どなられましたが、そんなん構ってられん！　もうちょっと心に余裕を持ってほしいな～と思うのですが、運転手もお客さんも、やっぱり、せっかちな韓国人。運転手も待てないし、お客さんも早く降りたい。これはこれで、うまく調節されてるもんやな～と感心してしまいます。韓国人の国民性がいちばんよく表れているのが、このジェットコースターバス。韓国に来られたら、ぜひ、このジェットコースターバスのスリルを体験していただきたいと思います。くれぐれも、こけないようにご注意を。

銭湯文化

韓国では日本のように毎日お風呂に入るという習慣はなく、ほとんどシャワーで済ませます。バスタブがない家もたくさんあるし、あっても浅く、お湯を沸かすようなものは付いていません。ただのバスタブ。そして、私の知っている限りでは、どこの家庭もユニットバスです。でも、お湯を溜めてお風呂に入るとしても、トイレを眺めながら……というのは、やっぱり違和感があるし、何よりリラックスできない……。そして、韓国人は、家族みんなで同じお湯を使いません。一人が入り終わったら、お湯を捨てて、新しいお湯で次の人が入ります。日本人からしたら「もったいない」という感じがしてしまいますが、韓国人は「誰かが入った後のお湯を使うのは汚い」と感じるようです。言われてみれば、そうかも？　という気もしてきますが、やっぱりもったいない。私の見る限り、こっちの人は水に関して「もったいない」という概念があまりないのか、平気で水を出しっぱなしにする人が結構いるんですね。主人も、そのうちの一人。銭湯に行っても、ずーっとシャワーから水が流れ放題。日本のように、ある程度、時間が経ったら自動的に水が止まるような仕組みにはなっていないので、ひとつひとつ、この手で止めにいきたくなるくらい！　もう、気になって気になって仕方のない私です。主人にも「使ってないときは水止めて！」と毎回注意しているのですが、私の話は右から左。「だって寒いやん」。「なにが寒いねん！」。真冬でもオンドル（床暖房）をつければポカポカの快適な家で悠々と暮らしていながら、なんてことを。全く、坊ちゃんには困ってしまいます。「水がなくて困ってる国の人の気持ちを考えたことあるんか！」と、本気で叫びたいくらい。

さて話を戻して、こういう理由で、韓国では家でゆっくりお湯に浸かるという習慣はなく、韓国人がホームステイか何かで日本の家に滞在したときに日本のお風呂体験をして、家族全員が同じお湯に入ることを知り、衝撃を受けたという話をよく聞きます。もちろん人によって違いますが、家でお風呂に入らない代わりに、週に一回くらいのペースで銭湯に行く人が多いようです。仕事をしていない優雅なおばさまたちは、毎日銭湯に通って友達とおしゃべりしたり、あかすりをしたり、マッサージを受けたりして、二、三時間、銭湯でゆっくり時間を過ごします。それが、おばさまたちの毎日の幸せなんでしょうね。

私も時々銭湯に行きますが、日本の銭湯とは随分違います。まず、韓国の銭湯のいいところは、飲み物を自由に持って入れること。大抵はフロントでコーヒーやジュースを注文して持って入ります。時々ヨーグルトや卵を食べている人もいて、そんな人のために銭湯の中には、ちゃんとごみ箱まで用意されているんです。気持ちいいお湯に浸かりながら、冷たいコーヒーをいただけるなんて、最高のひととき。

それから、私はまだ挑戦したことはありませんが、あかすりマッサージというのもあって、ブラジャーとパンツ姿のおばさんが勢いよくマッサージしてくれます。それにしても、韓国の銭湯風景、日本と全然違っておもしろい。なんでもあり？　と思ってしまいますが、おばさんがいきなりパンツ姿で入ってきて、その場で脱いで洗濯し始めたり、歯磨きをしているおばさんがいたり、一生懸命にあかすりをしている人も。また、きゅうりパックや泥パックをしてる人がいたり……。顔全体と首にまで泥を塗ってるおばさんがいて、それを見た息子が、恐怖で声を震わせながら「オンマ……なんでここにお化けがいるの？」と言ってました。日本語でよかった……。髪を染めている人もいましたが、さすがに、毛染めはタブーでしょう。みんな自由やな～なんて、私の唯一の趣味ともいえる人間観察を楽しんでいますが、銭湯に行くと、ひとつだけ困ってしまうことがあるのです。

それは、韓国の銭湯にはシャンプーやリンスがないので（男性のほうにはあるとか）、毎回持参しなければなりません。日本だと、入り口あたりにシャンプーやリンスを置く棚がありますよね？　でも、ここにはそれがないので、自分が使ったシャワーの席のところに置いておきます。つまり席取り。新しく入ってきた人がシャワーを使いたくても、荷物が置いてあると、その席には座れないし、シャワーも使えません。シャワーの場所は荷物で埋め尽くされているのに、人は誰もいないというガラガラ状態。ガラガラなのに、シャワーを使いたい人が使えない。これは考えものです。

私も、最初はこんなルールがあるとは知らず、荷物が置いてある場所に座っていたら、「私の場所を取らないでよ！」と、えらい怒られたことがありました。やっぱり、いろいろ違って難しい。最後に、ドライヤーは三分につき百ウォン（十円）かかります。どこに行ってもサービスサービス、とサービス精神旺盛の韓国なのに、ドライヤーはサービスしてくれへんのか〜と思ったり。意外なところでお金がかかったりしますね。韓国の銭湯文化、なかなかおもしろいです。

たった一度の浮気が……

忘れもしない。二〇一六年七月二十七日、日差しが照りつける暑い夏の日。家の近くの美容室にカラーをしにいきました。韓国のカットの仕方と日本のカットの仕方は随分と違うので、怖くてなかなか美容室に行けずにいたのですが、友達に「日本風にカットしてくれるいい美容室があるよ〜」と紹介してもらった美容室がとても気に入り、それからというもの、そこが行きつけの美容室となりました。

でも、ある日、家の近くの美容室を通りかかると、「カラー半額」と大きい旗が掲げられていました。「絶対、行きつけの美容室にしか行かない！」、そう決めていたものの、さすがに半額には心が揺れる。カットやったら、どんな髪型にされるかわからんから怖いけど、カラーやから、ま、いっか。そんな気持ちでその美容室に行ってみることにしたのです。とりあえず中に入って「カラー半額って、いくらですか？」と尋ねてみると、なんと四万五千ウォン（単純に考えると、四千五百円ほどです）。その価格に大満足した私は、早速、次の日の二時にカラーの予約をして帰ってきました。

次の日。初めての美容室なので、ワクワク半分、ホンマに大丈夫かな〜？　という不安半分、それから何よりも、その「行きつけの美容室」を裏切ったかのような妙な罪悪感に苛まれていました。席に着くと、金髪のちょっとケバい感じのおばさんが登場。この人が今日の担当者か〜。席に着いた途端、韓国人特有のセールストークが始まります。「今、半額期間だからパーマも一緒にどう？　こんなに安くカラーとパーマができる機会なんてないですよ」と満面の笑みでお勧めしてくれました。いつもなら即お断りするのですが、最近、ずっとストレートのロングで、正直この髪型に飽きてきたというのもあり、パーマとカラーで一万円ならいっか！と、お願いすることにしました。あ！　でも、息子が四時十分に家に戻ってくることを忘れてた！　「遅くても四時にはここを出ないといけないんですが、大丈夫ですか？」と、確認のため聞いてみると、「大丈夫ですよ」と自信満々のおばさん。それならよかった！　というわけで、カラーとパーマをお願いすることになったのです。

おばさんは慣れた手つきで髪を切りながら、「私の男友達に誰か紹介してくれない？」と。どこの誰かもわからない人に紹介するのはな～と思いつつ、一応「何歳ですか？」と聞いてみると、五十歳。それは無理やわ。おばさんと楽しく話してるのはいいけど、そろそろ時間が気になってきました。家に帰らないといけない時間が刻々と迫ってきます。もうすぐ三時半だけど、パーマまだ？　とか、やけに時間が気になり始め、どんな髪型にされるかという不安より、ほんまに四時までに終わるんかな？　という不安のほうが大きくなっていました。「四時までに終わりますよね？」、「大丈夫ですよ」。おばさんは、相変わらずの笑み。終わるんか……。でも、どう考えても終わりそうにないけどな……。四時十分前。私は、まだ頭にクルクルを巻いている状態です。おばさんは時計を見て急に、「保育園にちょっと遅れるって電話されたらどうですか？」と。なに？　この展開。電話されたらどうですかって、なに？　「もうバスに乗って、家に向かってる途中なので無理です」と言うと「じゃ、保育園まで迎えにいかれたら？」、「遠いし、こんな暑い中行けません。四時までに終わるっておっしゃいましたよね？」。おばさんは、申し訳ないと思ってるなんて雰囲気は微塵もなく、あぁぁぁぁ～あ、もう、どうしよう？　と焦ってる私を見て、爆笑。隣で話を聞いていた店の人も爆笑。何がそんなにおもしろいんや？　とにかく帰らんと！　「帰ります！　帰ります！」と連呼する私に、おばさんは「でも、最後までしないと！」と言いながら、何かの液を髪に塗ろうとするので、「時間ないって言いましたよね！　このまま帰ります」と私は怒り爆発し、頭にタオルを巻いたまま美容室から脱出。そして、家を目指して猛スピードでダッシュ。頭にタオルを巻いて歩いてるおばちゃんはよく見かけるけど、まーさか、まさか自分が頭にタオルを巻いて外に出るはめになるなんて、夢にも思っていなかったこと。しかも、こんな全力疾走するのも久しぶり。私って、こんな足速かったっけ？　ハァハァ言いながら家に到着すると、案の定、保育園バスが待っていました。

「先生！　遅れてすいませんでした！」。先生の視線の先は……もちろん、私の頭。頭にタオルを巻いて子どものお迎えなんて、どんな母親？　変なお母さんって思われたかな〜？　日本人って礼儀がないって思われてる？　「あっ、あ……これには、ちょっと事情がありまして……」。あぁぁぁぁーーー。日本では、普通こういうことは起きませんよね？　時間内に終わるかどうかわからなかったら、まず、その事実をお客様にお伝えするからです。「ちょっと四時を過ぎてしまうかもしれませんが、どうされますか？」とか、きちんと確認をするべきだと思うんです。百歩譲って四時を過ぎてしまったとしても、まずは、謝るのが礼儀。約束の時間を過ぎてしまって、お客さんに迷惑をかけたのは事実だからです。困り果てているお客さんを笑いものにするなんて、もってのほか。

でも、韓国はとにかく時間にアバウト。少しくらい時間に遅れても大丈夫だろうと思うのでしょう。「信頼を失ってしまったら次はない」と考えるよりかは、今の利益。まずは信頼を得て、心を込めてお客様におもてなしをするということが今後の大きな利益につながるとは思わないのでしょう。そして、こういうときにも謝らないんだとしたら、どういうときに謝るんやろう？　と、私は真剣に考え込んでしまいました。

この話を韓国人にすると、特にびっくりした様子もなく、大変だったね〜くらいの反応。オンマにはスルーされ、主人には「もう何年ここに住んでんの？　いいかげん、韓国の文化に慣れてよ！」と言われてしまう始末。確かにそうかもしれんけど……って、主人は、これを韓国の文化だと認めてしまってるのか？　救いようないな。

すぐに頭に血がのぼって、イライラしてしまう私だけど、韓国人の反応を見ると、私が考えすぎなんか？　私が変なんか？　日本人が真面目すぎるんか？　という気にさせられるときがあります。ここにいると、周りの人に洗脳されて、何が正しいことなのかさえわからなくなってきます。ただ最近は、どんなドン引き事件が起こったとしても、ププッと笑って流せるような心の広い人間になりたいな、と切実に願っている私であります。毎回、腹を立ててたら、体がもたん！

この駐車システム、どうにかならん？

今や、ひと家族に車が一、二台あっても珍しくない時代。日本では、車を購入する際、駐車場があるか確認するための車庫証明が必要です。駐車場がなければ、車は買えませんよね。でも、韓国には車庫証明がなく、道は路上駐車の嵐という大問題が起こっています。自分の住んでいるアパート（韓国ではマンションのことをアパートと呼びます。日本でいうアパートはマンションです）の駐車場にさえ駐車するスペースがありません。だから、アパートの外に出て路上駐車するほかないんですね。警察も「場所がないから仕方ない」と思っているのか、駐禁を取られることはまずありません。

朝、出勤するときもアパート内の駐車場は車だらけ。とてもじゃないけど、車が出せる状態ではありません。では、皆さん、どうしているのでしょうか？　最初見たときはかなり驚きましたが、車のフロントガラスに携帯番号が貼りつけてあって、車が邪魔で出られないときは、その車の持ち主に電話をして車の移動をお願いします。携帯番号を公開するなんてちょっと危ない気もしますが、そうするしかないんですね。もし電話をかけても、相手が電話に出なかったら、どうしたらいいのか？　アパートの警備員が家まで呼びにきます。主人は毎朝出勤するとき、ベランダから駐車場の様子をのぞいて、出られそうになかったら、警備室に電話をして車移動の連絡をお願いしていましたが、こういう場合は、代わりに警備員が相手に電話をしてくれます。というわけで、車を持っている人はいつも駐車のことを気にしないといけません。いつ車移動の連絡があるかわからないので、携帯は絶対に手放せません。食事中でも、仕事中でも、会議中でも、もちろん寝ていても、電話がかかってきたら、すぐに出ていって車移動をしないといけないので、ゆっくりする時間もありません。お義父さんは交代勤務なのですが、シフトによっては朝の二時ごろに家に帰ってくることもあります。シャワーを浴びて、ちょっとひと息ついて、やっと眠りにつけるのは午前三時。そして、朝の五時くらいになると、早朝勤務の人から「車移動お願いします」と電話がかかってくるのです。「年をとると、一度起きたら眠れないんだよ」と、お義父さん。これじゃ、いい夢見る暇もありません。

インテコで授業をしていたときも、生徒の携帯電話に次から次へとジャンジャン電話がかかってくるのを、いつも大変そうやな～と思って見ていたのですが……。ある生徒が「今、授業中なので、あと三十分後に行きます～」と言ってるのを聞いて、これにはびっくり。相手は用事があって車を出さないといけないのに、三十分も待たせるなんて、すごい度胸。それにしても、この駐車システム、どうにかならん？

第7章

近くて遠い国といわれるワケ

お客様は神様……じゃない？

日本では、お金を払ってくれるお客様は神様ですよね？　実際にそう思っているかは別にして、一応そういうことになっています。でも、韓国では私の見る限り、そういう意識はないようです。外国人から見ると、日本のサービスは、ちょっとやりすぎと思われることも多いようですが、私は、この丁寧すぎる接客こそが世界に誇れる日本の文化だと思っています。そんな日本で生まれ育った私が、未だに慣れることができないのが韓国の接客態度。え？　私、客……ですよね？　なんて思うことは日常茶飯事。

例えばタクシーに乗って、降りる際に小銭がなくて困っていると、乗る前にちゃんと小銭を用意しておけと怒られたり、確認のために、「このタクシーは○○へ行きますか？」と尋ねると、その質問がしゃくに障ったのか「タクシーなのに行かない場所があるかよ！　なんのためのタクシーだと思ってるんだ！」と怒鳴られたりしたこともありました。怒鳴るほどのことか？　そのタクシーのおじさんは、私たちが乗ったあとも、なんやかんや、ず～っと文句をおっしゃっていましたが、怒りのポイントはなんなのか全くわかりません。いやいや、怒りたいのは私のほうなんですけど。おっちゃん、日本で同じことゆうたらクビになるで〜。

釜山に買い物にいったときも、またまたハプニング。露店でかわいい服を売っているお店があったので、どれがいいかな〜？　と、ルンルン気分で服を広げながら見ていると、お店のおじさんに「はよ買わんかい」と言わんばかりにジロジロ見られ……。ゆっくり落ち着いて選べる雰囲気でもなかったので「また今度にしよっ」と、その場から離れた瞬間、「買わへんねやったら、触るな！」と、めちゃくちゃ大きい声で怒鳴られ、周りの人からも注目を浴びるという最悪の事態。言い返したいけど……韓国語が出てこない。どいつもこいつも、なんやねん！　クヤシイ！　ハラタツ！　主人に「あの人に文句言ってきてよ！」と背中をドンと押すと、「まぁ、落ち着いてよ。行こう！」と。こんな状態で落ち着けるかいっ！　客をなんやと思ってんねん！　そのおじさんのせいで、私の一日は台無しになってしまいました。私も韓国語で文句を言えるくらいにまでにならなあかん！　韓国語をもう一度本気で勉強しよう、と情熱を燃やした日でもありました。

その日はストレスが溜まりまくり、夜は友達三人と外食。私が大好きなホルモンのお店に行くことになりました。「アンニョンハセヨ〜」。私たちが目の前にいるというのに、店員のおじさんはレジで一生懸命お金の計算をしています。やっと重いお尻を上げ、面倒くさそうにテーブルまで案内してくれました。ホルモン三人分を注文すると、なぜ五人分注文しないんだ？　と気にくわない様子。なんで五人分、注文せなあかんの？　確かに韓国の南の地域では人数分より多く注文することもよくあるのですが、でも、お店の人がお客さんに対して、五人分注文しろというのは、どう考えてもおかしな話。だって、何人分注文するかはお客さんが決めることでしょう？

もちろん、言うまでもなく、こんな接客ばかりではなく素晴らしいサービスを受けたこともたくさんあります。でも、なぜつらい思いだけが強烈に心に残るのか？ それは、多分、日常生活を送る中で私の想像を遥かに超えるハプニングが起こり、ショックが大きすぎたせいかもしれません。

お隣の国なのに、接客の仕方も人の考え方も随分違う。例えば、コンビニなんかでは、店員さんがプライベートの電話をしながらレジの対応しているところを時々見かけます。片手で携帯を持ち、片手でレジの操作をする。日本なら即、苦情になりますが、こっちでは、お客さんのほうも「たかがコンビニ。たいしたものを買うわけでもないから」という感覚のようで、コンビニでいいサービスを受けようなんてことすら考えていないようです。とにかく、お金を払って欲しいものが手に入ればいい、そんな感じなんでしょうね。

逆に、韓国人は丁寧すぎる日本の接客が負担だと感じる人も多いようです。日本では、お客様の姿が見えなくなるまで頭を下げて見送ることもありますよね？ でも、それが嫌で仕方なかった、という人もいました。例えば、靴屋に行ったら、店員さんがサイズを見てくれて、ひざまずいて靴を履かせてくれることもあります。それに対して、すごく気分が悪かった、という人もいました。「私も同じ人間なんだから！」と。同じ人間なのに、そこまで特別扱いしてもらう必要はない、というのが彼女の言い分です。確かに、やりすぎなのかもしれないけど、それがお客様に対する日本人の感謝の気持ちですからね。そう考えるのは日本人だけなんでしょうか？　韓国人は、接客態度が悪いことに対しては、少々嫌な気持ちになっても、さほど気にならない。でも、特別扱いされると、それがものすごい負担になって気分が悪くなってしまう。日本人からしたら、不思議な感覚です。でも、だから「文化を理解する」ということは本当に難しいんですね。よかれと思ってしたことが、相手にとっては、ただの「ありがた迷惑」になってしまう。う〜ん……難しい。

教育熱は世界一

韓国の人って、本当に勉強熱心。真の勉強家です。人生のすべてを勉強に懸けているんじゃないかと思うほど。そして、両親も子どもの教育に命を懸けていて、勉強ができない子は親からも先生からも見放されてしまうという厳しい世界。先生も、成績の悪い生徒の点数を少しでも上げてあげようと努力するというよりかは、成績がいい生徒に大きな期待をかけているようです。体育の授業はほとんどなく、放課後のクラブ活動なんてのも、もちろんありません。運動をする時間があったら、勉強、勉強、勉強！　韓国のお母さんたちは、子どもが保育園や幼稚園のときからハングルや英語を習わせます。小学校に入る前にハングルがわからないと、授業についていけないのだとか……おそろしい。私の時代は、小学校一年生で初めて鉛筆を持って、ひらがなの練習をして……って、時代が違いすぎるかっ！

高校生にもなれば遊ぶ暇は全くなく、朝七時ごろまでに学校に行き、授業がすべて終わっても、午後十時ごろまで学校に残って勉強しなければなりません。監督の先生もいるので、途中でこっそりと抜け出すなんてことは許されません。塾に通ってる生徒は、その時間だけ先生に許可をもらって塾で勉強して、また学校に戻って勉強。朝から夜まで学校にいるので、三食のごはんもすべて学校で食べなくてはなりません。高校三年生になったら、自由時間なんてものはこれっぽっちもナシ。

主人も高校三年生のときは夜中まで学校で勉強し、家に帰ったら午前零時。寝るのは、いつも午前二時を過ぎてからだったと愚痴をこぼしていたことがありました。もちろん、中には勉強しない生徒もいるんでしょうが、基本的にみんなこれくらい勉強するので、上を目指す人は、寝る時間もないほど勉強しないといけないわけです。

ちなみに、韓国は高校を卒業したら、ほとんどが大学に進学します。短大や専門学校は、あまり有名ではなく、大学を卒業していないと就職はなかなか難しい現実。私が、もし韓国人に生まれていたら、落ちこぼれ間違いなし。今まで日本人に生まれてきたことに、こんなに感謝したことはありません。そして、韓国では私のような「落ちこぼれ」に対して、優しくサポートはしてくれないのです。

こんなつらい受験勉強が終わったかと思えば、韓国人男子にとってはつらすぎる二年間にも亘る軍隊生活が待っています。「今まで、こんなに必死に勉強してきたのに、軍隊に入ったら今まで勉強してきたことも全部忘れて、またバカになる」なんて嘆き、よく聞かされましたが……。そして、軍隊が終わると、また大企業に入るための猛勉強が始まります。

こういう理由で、韓国人は三十歳を超えても就職せずに大企業に入ることを夢見て、コツコツと勉強している人も珍しくないんです。でも、どうしてそこまで大企業にこだわるのか？まず、大企業と中小企業のお給料は天と地ほどの隔たりがあります。それだけではなく、大企業では、会社から一日三食の食事が出るし（これは中小企業も同じ）、会社の中にジムやシャワー施設もあって、使い放題。そして何より驚いたのは、大企業に入ると、子どもが大学を卒業するまでの授業料をすべて会社が負担してくれるということです。いっぱいお金をもらえる上、いちばんお金がかかる授業料まで支払ってくれるんやったら、お金使うとこないやん！これは、すごい！だから、みんな小さいときから必死に勉強を頑張ってるのか！目指すは大企業？でも、こんな勉強ばっかりの生活、息が詰まってしまうんじゃないかと心配になってしまいます。ちなみに、韓国の自殺率は、世界三位。北朝鮮は二位で、深刻な問題です。若者もこの勉強地獄で相当なストレスが溜まっているんじゃないですか……ね？　お勉強は、ほどほどに。

見た目がすべて？

とにかく見た目を重要視する韓国人。韓国のオンマたちは、息子が「結婚したい人がいる」と告白すると、相手はどんな人なのか外見チェックをしにいくオンマもいるようです。オンマ、スパイに変身！　でも、どうやって？　息子にデート先を聞いて、その場所まで行って、知らない人のふりをして二人の様子を観察。それを承諾する息子もスゴイ！　国際結婚に限らず、親に認めてもらえる相手を探すのは至難の業です。

主人の親友も結婚を考えていた大好きな彼女がいたらしいのですが、運悪くオンマに大反対され、しぶしぶあきらめるはめに。占いで見てもらったら、二人の相性がよくなかったとか……たしか、そんな理由だったような気がします。え？　そんな理由で？　と思いますが、韓国のオンマたちは、かなり占いを頼りにしているようで、結婚や引っ越しなど人生の大きな節目のときは必ずといっていいほど、占いに行って見てもらいます。

私の生徒さんも、同じくオンマの反対で三年付き合った彼女と別れたそうなのですが、三十年経った今でも、その彼女のことを思い出すと、切なくなって泣きたくなると。オンマに「どうしてあのとき、大好きな彼女と結婚させてくれなかったんですか（上下関係が厳しい韓国では、両親にも敬語で話す場合があります。特にお父さんには敬語を使います）？」と聞くと、オンマは静かに「ごめん……」と。はぁ……。なんとも切ないお話。今さら謝られてもね……。さすが、親の言うことは絶対的。今まで育ててくれたオンマを悲しませたくない。ママボーイ韓国人男子のオンマに対する敬意、絶対的な愛なんです。でも、もちろん、みんながみんなSPYに変身するオンマではないし、みんながみんなオンマの言うことを聞くかわいいママボーイの息子でもありません。でも、こういうことも韓国では十分にあり得るということです。

私も、結婚のあいさつをしに初めて主人のオンマに会いにいったときは大変でした。主人に、「第一印象が大切やからな」と全身鏡の前に立たされ、ああでもない、こうでもないと、いろいろ言われた記憶があります。年も三歳サバを読んでいたので、できるだけ若く見えるように前髪を作ってみたり、ブリッコして鏡の前で微笑んでみたり……。あれから、五年。韓国では、外見や服装などはもちろんのこと、背も重要で、男性は百八十以上でないと女性にガッカリされるし……。日本だと女性が百六十五以上あると、ヒールを履いたら彼氏より背が高くなってしまうとか、そういう理由で背が高いことにコンプレックスを感じている人もいるようですが、韓国の女性はバンバンヒールを履きます。かっこいい！

それから、車も大きいほうがいい。最近、日本では軽自動車ばかりですが、韓国では大きいブランドの車が目立ちます。軽自動車に乗っていると、ちょっとバカにされるというか、貧乏扱いされるというか……確かにそんな雰囲気あります。これは、あくまでも私の考えですが、韓国の人って、乗っている車とか着ている服、持っているかばんなどで人を判断する傾向にあるんじゃないかな？　かばんもブランド。車も高級車。ちょっと無理をしてでも見栄を張る。やっぱり見た目が大切なんですね。この国ではそうなんだと知りながら、いつも適当な格好をして、「先生なんだから、ちゃんとした格好しなさい！」とオンマに怒られ続ける私。そんな服装に気を遣っていないことは認めるけど、そんなボロボロの服を着てるわけでもないんやけどな〜。いったいどんな格好をしたら、オンマのお気に召していただけるのか？　ブランドで身を包む？　無理！　無理！　正直、こっちに来て「自分」というものを持てなくなりました。息子の服にしても私の服にしても、自分の好みとは関係なく、とりあえず「オンマが好みそうなもの」という基準で選ぶようになってしまった気がします。「小言を聞くよりかまし」、「いい嫁だと思われたい」などというわけのわからん理由で。

息子の服は日本に帰国したときに、これでもかっ！　ってほど安い服を大量に買ったり、友達の息子さんのお下がりを譲ってもらったりしているのですが、それもオンマの目にはあまりいいように映っていないようです。「保育園のお友達は、みんないい服を着ているのに、ミンジュンだけこんな安っぽい服を着ていたらかわいそうだ」と。これがオンマの言い分です。でも私からしたら、子どもの服なんて安いもので十分。だって、どうせ高い服を買ってもすぐ汚すし、大きくなって来年は着れなくなることを思うと、「高級な服は要らない」と思うのです。それにオンマが思ってるほど、誰もミンジュンの着てる服に興味なし。セレブの息子でもあるまいし。そういえば、こないだ保育園に行ったとき、バーバリーのシャツを着てる男の子がいて、私は異常なほどの違和感を感じました。こういう子どもがＣＯＯＬ？　子どもにバーバリーの服、必要か……？　って、そこは私が口出すところじゃないですね。子どもの服にもお金をかける。お金持ちには当然のことといえば、当然のことかもしれません。でも、私は生きていくだけで精いっぱい。これから息子が大きくなっていくに連れて、教育費に莫大なお金がかかるというのに……。そのときにお金がなくて、息子の好きなことをさせてあげられないほうがよっぽどかわいそうだと思うのです。昔の私のように、急に「アメリカに留学したい！」と言い出したら？　そのときに、「ごめん～お母さん、留学させてあげるお金ないわ」とは言いたくないんです。自分も親に散々、迷惑をかけて留学したのに。だから、今は西松屋の安い服で我慢！我慢！　でも、お祖母ちゃん（オンマ）からしたら、かわいい孫にいい服を着させてあげたい一心で、今、息子はおばあちゃんから買ってもらった二万円以上するコートを着て、保育園に通っております。幸せな息子だ……。「親が買ってあげないんだから、仕方ないでしょ！」と買っていただいたコート。今の私には、そんな余裕なし。息子よ……スマン。

家事は誰のもの?

我が家ではNHKが見れるので、私はいつもNHKを楽しんでいます。韓国のテレビ番組を見たら、少しでも韓国語の勉強になるんだろうけど、残念ながら私は、韓国のドラマやK−POPに興味なし! 韓国に住んでいながら、我が家は日本なのです。なんの文句も言わず、毎日NHKに付き合ってくれる主人には、感謝、感謝。頑固な私は、絶対にチャンネルだけは譲れない。うしし。

ある朝「あさイチ」で「家事は誰のもの?」、つまり「家事は誰がするのか?」という話題で盛り上がっていました。それは日々、私が考えていたことなので、興味津々で見ていたのですが、韓国では(いや、私の家だけ?)家事は、まだまだ女性の仕事という感じがします。それもそのはず。私のオンマも含めて、韓国のおばさん主婦は、皆、やり手!

料理、洗濯、子育て、プラス旦那さんの世話まで(蔚山は工業都市で、女性が働く場所があまりなく、男性ががっつり稼いでくるので、女性は、ほぼ専業主婦。韓国の中でも蔚山はお金持ちの都市として知られています)、なんでも、てきぱきこなしていきます。

ひと口に料理といっても、日本みたいに朝からパンとコーヒーというわけにはいかず、ご飯と、お決まりのチゲと、数種類のおかずを用意しなければなりません。味噌や醤油を手作りする家庭も多いし、キムチ作りもあります。料理が苦手な私には到底できない仕事ですが、おばさん主婦は、ご主人にお手伝いしてほしいなんて気持ちは微塵もないんじゃないかな？　という気すらします。「男が台所に立つもんじゃない！」、そんな昔の日本を漂わせる雰囲気。ま、専業主婦だから、全部するのが当たり前やとは思いますけどね。それが仕事だから。

うちのオンマも、お義父さんには何から何まで全部してあげるスーパー主婦。お義父さん、そして子どもたちには尽くしまくります。お義父さんが仕事にいくときには、着ていく服、靴下まで全部オンマが準備します。それから、お義父さんの服を買いにいくのも仕事のひとつ。お義父さんは、自分の服を一切自分で買いません。オンマの買ってきた服が自分の好みに合わなかったりサイズが合わなかったりすると、オンマは、またデパートに出向き、返品しにいかなければなりません。二度手間になるから、自分で買ったほうがええんちゃう？　と思ってしまいますが、そういうわけにもいかないらしく……。オンマの仕事も膨大。主人が出張にいくたびに、オンマに「着ていく服、コーディネートしてあげたの？」と聞かれるのですが、それって私の仕事？　小学生でもあるまいし、ね？　選んであげてもいいけど、私、相当センス悪いよ。

とにかく、主婦の仕事は多い。旦那さんが主婦に求めるものも大きい。特に、上の年代の人はそうかもしれません。知り合いのおじさんに「ゴミ捨ては主人の仕事です」と言うと、「男がゴミを捨てにいくなんて、あり得ない！」と激怒されてしまいましたが、それくらいしてくれたってね〜。男がゴミ捨てをするなんて、みっともない！　多分、そういう気持ちもあるんじゃないかな、と思いますが。ただの私の想像。そのおじさんは、洗顔、シャンプーまで奥さんにしてもらうと言っていましたが、本当なのか冗談なのか……。実は、同じ話、ほかのおじさんからも聞いたことがあります。そう考えると、本当の可能性が高い？

韓国人男子は（って、ひとくくりにしては怒られそうですが）日本の九州男児。Ｔｈｅ亭主関白という感じがします。うちも、料理、洗濯、掃除、子どもの世話。基本的には全部私の仕事です。たまに気が向いたときに、洗濯物を干してくれますが、正直、私も仕事をしながら、家事を全部こなすのはキツい。その代わり、インターネットで必要なものを買うこと、お金の管理は主人の仕事です。自慢じゃないですが、私、ものすごく機械音痴のアナログ人間。数学……いや、算数も微妙なので、ちょっと大きい数字になると、読めない。見たくもない。逆に主人は機械にも数字にも強く、インターネットで安くて、いいものを探すのが大得意。家計簿もエクセルで作っていて、見るたびに、お金がないとため息をついていますが。私は欲しいものもいっぱいあるし、すぐに衝動買いをする浪費癖があるのですが、その度に主人に「どうやって生活していくつもり？　本当に必要なものかちゃんと考えて！」と、いつも怒られています。そう言われたって、欲しいもんは欲しいんやもん。

去年、散々おねだりして買ってもらったオーブンも、パンを作る機械も、そのまま使わずに置いてあるから主人は怒り爆発。「もう全部、捨てる！」と言って聞かないのです。そんな怒らんでも……だって、そのときは欲しいと思ったんやもーん。私は、のん気なダメ主婦。自慢じゃないけど、お金の管理はできません。お金の管理とか節約とか、そんなことしなくてもいいほど、お金を稼ぎたい。お金は使うためにあるんだし、どうしたら節約できるかを考えるより、どうしたらお金を稼げるかを考えるほうがよっぽど意味があると思うのです。それにしても、夫婦って、うまくできているもんやな〜って、思います。できないことは、できる人がやればいい。私も時々、主人が手伝ってくれないとブツブツ文句を言っていますが、我が家は、主人がいないと家庭が破綻するかも？　お互いがお互いを支え合って……。やっぱり家事は、二人のものなのかもしれません。

リアル・ジャパニーズ

先日「リアル日本人国民アンケート」という番組を見ました。「こんなとき、日本人ならどうする？」をテーマに国民にアンケートを取って、クイズを出す番組です。「日本人は普通こう考えて、こう行動する」というのがわかるのですが、私は答えを聞いてビックリの繰り返しで、もしかして私は普通の日本人ではないのかもしれないと不安を覚えたくらいです。

その中でもいちばん衝撃を受けたのは、連休に遠くに住んでいる旦那さんの家に帰省するとき、旦那さんは自分の実家に泊まり、奥さんと子どもは近くのホテルに泊まるというショッキングな事実です。記憶が確かではないのですが、六〇％以上だったような……。

では、こんな状況をお姑さんはどう思っているのでしょうか？ ㊀、私、嫁に嫌われてるのかな？ ㊁、寂しいな～ ㊂、ホテルに泊まるくらいなら帰ってくるな！ ㊃、気を遣わなくていいからラッキー！ 皆さんは、どれだと思いますか？ 正解は、㊃。嫁姑の気持ちがマッチしていてお見事！ それにしても、家族の関係がクールすぎる。もし私が姑の立場なら、「ホテルに泊まりたい」と言うような嫁は許しません！ 嫁の立場なら、家族としてまだ受け入れてもらえてないんやな～と寂しい気持ちになると思います。息子は家族だから気軽に泊まってもいいけど、嫁は外で泊まれ！　みたいな……それはないんじゃないですか～？

でも、ホンマにこんなことってあるんやろか？　半信半疑……。急に気になって仕方なくなった私がフェイスブックに載せてみると、早速、主婦である友達からコメントがきました。この間、お義母さんに「来週、帰りますね」と連絡すると、「じゃ、ホテル予約しておくね！」って言われたよ～」と。え～やっぱり、ホンマやった。韓国では、こんなことは絶対にあり得ない！　お義母さんが許すはずがありません。韓国の嫁たちも、お義母さんの家に泊まると、あれこれお手伝いしないといけません。日本みたいに、嫁はお客様扱いしてもらえるなんて思ったら大間違い。韓国では嫁がするのが当たり前。最近、仲のいい韓国人ママが「旦那のところに行ったら、いつも私ばっかり用事させられるから、もう行きたくない！」と愚痴をこぼしていました。

お義母さんといると、嫁は四六時中気を遣わないといけないし、本当はホテルに泊まるのが楽なんでしょうが、そんな恐ろしいことできるはずがありません。少々、気を遣うことがあっても、これから同居しろと言われてるわけでもないし、一緒にいるべきだと個人的には思うんですけどね……。友達から「ミナコは、ほんまに古風やな～」と言われてしまいましたが、私のような考え方は、もう古くて時代遅れなんでしょうか？　それとも、私には、韓国人の血が流れてる？

桜の花の下で

第8章

韓国人の体は情でできている

サービス天国

日本人はケチ？　韓国にいると、そう思ってしまうくらい韓国人は太っ腹で気前がいい。とにかく、サービス精神がすごいです。私がいちばん驚いたのは、食堂に行くと十種類くらいの豪華なおかずが出てくるのですが、これは全部無料で、その上、おかわり自由。最初は無料だということを知らずに、「これ、頼んでませんけど」と言ってしまったほどです。日本のお通しとはレベルが違う。これ、前菜？　と思うほど、ボリューム満点。これだけおかずがあったら、ご飯二杯は余裕でいける！　日本人が大好きなチャプチェやキムチ、野菜のナムル、チヂミなど。お肉や焼き魚まで登場するときもあり、種類も豊富。それに、お店の前にはコーヒーマシーンもあって、食後のコーヒーも飲み放題です。あま〜いミルクコーヒーがお勧め！　ここまでサービスしてお店つぶれへんのかな？　と、心配になってしまいますが……。

そういえば、韓国人の友達が「日本でマヨネーズ頼んだらお金とられた。日本人は、本当に情がない」と言っていたことがありました。確かに、こんなサービス天国で育った韓国人から見たら、情がないと思われても仕方ないのかもしれません。化粧品のお店に行くとサンプルをどっさりもらえるし、カフェでコーヒーを飲んでいると、「これ、食べてください」と店員さんがパンとスイカを出してくれたこともありました（……でも、なんでスイカ?）。それからというもの不思議なことに、そのお店に行く度に毎回パンをサービスしてくれるのです。店員さんが男なら、おっと！　おっと！　もしかして？　なんて期待に胸を膨らませるんですが、残念ながら（?）店員さんは女の人。主人にこの話をしたら、「ミナコがいつも安いコーヒーばっかり注文するから、かわいそうに思われたんちゃう?」と。そっか。そういう理由ね。納得！　というのも、そのカフェには四千ウォンする普通のコーヒーと、ペットボトルに入ったほぼ水みたいな安いコーヒーがあって、私はいつも、その安い水コーヒーを注文していたのです。お店にあるパンも、おいしそう〜と思いながら、いつも眺めるだけ。「パンを買いたいけど、買えない……」。その寂しい後ろ姿がかわいそうに見えたのでしょう……同情されてたんか。まるで私はホームレス。

また、キンパのお店のおばさんにも随分サービスしてもらいました。一緒に釜山に出かけたキンパのお店のおばさんは、当時韓国語の勉強のために大学に通っていた私のために、毎回お店のキンパを持たせてくれました。大学に行く前に「大学に着いたら食べるのよ。今日も頑張ってきてね！」と笑顔で送り出してくれ……それから、家の近所にあったコンビニのおばさんもキンパのおばさんと同じように、私を見るといつもお菓子やアイスクリームをかばんに入れてくれて見送ってくれました。今考えても、いろんな人に支えられてここまで来たんやな〜と、心がポカポカになります。それにしても、韓国人のサービス精神、韓国人の情はすごい！　私もそのサービス精神、少しは見習わんと。

超スピード配達

韓国は、配達文化？　なんでも配達してくれます。マクドナルドも一万ウォン（千円）以上注文したら配達してくれるし、ビビンバや冷麺や汁物まで配達してくれます。簡単に配達してくれるので、韓国人は、すぐ配達を利用するようです。そのため、配達のおじさんは大忙し。その上、韓国は빨리빨리（パㇽリパㇽリ＝早く！　早く！）文化。なんでも早くしないと気が済まないせっかちな人が多く、スピードは世界一！　配達も、お店が忙しくないと五分から十分くらいで着き、驚きの早さ。一刻も早くお客様に届けるために、配達のおじさんは今日もバイクを走らせます。寒い日も雨の日も風の日も、ヘルメットも被らず、それはそれはものすごい猛スピードで、車と車の間をすり抜けて。一〇〇キロを超えているんじゃないかと思うくらいのスピードです。一生懸命なおじさんに、思わず「そんなに急がなくてもいいですよ！」と

叫びたくなってしまうくらいです。一瞬で光のように消えていくおじさん。配達の仕事はとても危ないので、配達のおじさんのお給料はすごく高いんだとか。

配達してもらったものはステンレスの容器に入っていることも多く、食べたら簡単に洗って、ビニール袋に入れて玄関の前に置いておくと、またおじさんが取りにきてくれるというシステムです。至れり尽くせり。容器は使い捨てのものもありますが、麺類はステンレスの場合が多いかな……。おじさんも行ったり来たり、本当にお疲れさまです。そんなに早く届けてくれなくてもいいから、どうか安全運転でお願いします！　と、いつも心の中で叫んでいるのですが、そんなことを思っているのは私だけでしょうか？　安全第一。自分の命は自分で守りましょうね。

先生は王様

先生は王様。こんな言葉がピッタリです。五月十五日は先生の日。先生は尊敬されるべき存在であり、とても権威があります。私のお義父さん、お義母さんの世代は、先生は神のような存在で、先生と目を合わすことも失礼にあたるということで許されず、先生が廊下を通られた

ときは、生徒は一旦停止し、深々と頭を下げてあいさつをする。先生の影を踏むことさえできなかった、とお義父さんからよく聞かされたものです。

今は時代が変わり、昔ほどでもありませんが、それでも先生は権威があって、昔の名残りがあります。私も時々、高校で授業をさせていただいているので、生徒の行動をじっくり観察していると、生徒は先生に会うと、皆、深々と頭を下げ「アンニョンハシムニカ」と丁寧にあいさつをしています。簡単にあいさつを返す先生もいますが、何も言わずに素通りする先生も。これが韓国の上下関係というものか……。

私もほんの少し、日本で中学教師をしていたことがありますが、あいさつしても無視される毎日。「あんたも眠いかもしれんけどな~それは私だってお同じやねん。あんたも嫌なことあって機嫌悪いんかもしれんけどな~私だって機嫌悪い日もあんねん！」と、どれだけ心の中で叫んだかわかりません。

でも、先生という立場上、「無視するんやったら私も明日からあいさつせんからな！」というわけにはいかず……。なんの返事も返ってこない生徒に対して、何度ペコペコ頭を下げてあいさつしたことか。日本なんて、先生から先にあいさつをして「あいさつは基本です。あいさつは大きい声でしましょう」なんて教育しないといけないのに、韓国の生徒はすごい！　と、ただただ感心するばかり。日本の生徒は、大いに学ばなくてはならないところです。逆に、先生がちゃんと生徒にあいさつをしてほしいくらい。「俺は先生だぞ！」と威張るんじゃなくてね。

それから日本では先生と仲よくなったら、敬語を使わない生徒もたくさんいるし、口答えをする生徒もいますよね？　先生のことをあだ名で呼んでみたり……。先生に敬語を使わないのは先生に気を許してる証拠で、仲良しの印！　みたいなところありますよね？　でも、韓国ではとんでもないこと。そんなことしたら先生にぶっとばされます。韓国人が日本に来ていちばん驚くことは、生徒が先生に対して敬語を使わないこと。そりゃ、びっくりするでしょう……。

なんといっても「先生は王様」なのです。先生の日はとても重要な日で、学校でも派手に先生お祝いパーティーが開かれます。その日は、どこの学校の正門の前にも「先生、いつもありがとうございます」という大きな幕が飾られてあり、街中に花が売られています。もちろん先生にプレゼントする花。いつもお世話になっている先生に感謝の気持ちを込めて、花やケーキをプレゼントします。生徒だけじゃなく、親も。さすが韓国。この日だけは学校にケーキを持ってきてもＯＫということになっていて、学校全体がパーティーモードです。

生徒たちは朝早くから学校に来て、準備に大忙し。黒板に絵を描いたり「先生ありがとう」のメッセージカードを書いたり。先生が教室に来られたら、日々の感謝の気持ちを込めて、歌や劇のプレゼントを披露します。どのクラスの生徒がいちばん先生を喜ばせられるか、競争になるのだとか。話を聞いているだけでも感動でウルウルしてしまいますが、先生からすると毎年のことなので、涙、涙、涙というわけでもなさそうです。インテコにいたときも、先生の日には、みんながそれぞれケーキを持ってきてくれるので、ケーキに囲まれて過ごす幸せな一日でした。でも……ケーキがあるのに、生徒たちはそのケーキを見つめているだけで誰も食べようとしない。あれ？　不思議に思った私は「食べてくださいね」と言うと、「いえ、先生が先に食べてくれないと僕たちは食べられないんです、と。なんてけなげ。やっぱりこれが韓国の上下関係。「そんなこと気にしなくてもいいですよ～」と言いたいところでしたが、韓国の文化を尊重しないと！　と思い、ひと口食べると、生徒たちはものすごい勢いでガッつく！　ガッつく！　相当食べたかったんやな～。先生への敬意というのは、ホントにすごい……。韓国でなら一生、先生というお仕事をして人生を終えたいくらいです。「先生の日」、本当に心温まる一日です。

お父様は家の大黒柱

アッパとは、韓国語でパパのこと。韓国は家族との関係がとても深く、何があっても離れることができない強い絆で結ばれているという感じがします。親は子どもを大切に思い、子どもも親を大切にし、親の気持ちを裏切ったりしません。

日本も同じですが、韓国人も、だいたい結婚するまで両親と一緒に暮らすのが一般的。アッパが仕事から帰ってくると、家族全員そろって玄関までアッパを迎えにいき、「おかえりなさい」とあいさつ。テレビを見ながら「パパおかえり〜」なんていうのは、とても失礼なことです。お父様が帰ってこられたら、何をしていても、一旦手をおいて玄関まで迎えにいくのが常識。主人の家庭は特に厳しかったのかもしれませんが、韓国の人たちは、一家の大黒柱であるお父さんが毎日働いてくれるから、学校に行けて、毎日おいしいご飯が食べられるということをちゃんと理解して、その感謝の気持ちを言葉で伝えたり、行動で表したりするんですね。もちろん日本人だって、そんなことはわかっていますが、恥ずかしくて、なかなか言葉にできない……それが正直な気持ちじゃないでしょうか？

それに、韓国は、お父さんに敬語を使わなければいけません（家庭によって違いますが、息子はだいたいが敬語で話している気がします。娘は使ったり使わなかったり）。お父さんに直接話すときだけでなく、ほかの人にお父さんの話をするときにも敬語を使います。どういうことかというと、例えば、「私のお父さんが日本に来られました」とか「お父さんは、日本で寿司をお召し上がりになりました」のように。私も韓国語で父のことを話すときは、敬語で！と思いながら、未だに自分の父親のことを上げて話すのは抵抗があります。なんとなく、相手に失礼なような……いや、やっぱりなんか変。どこか、かゆい感じがしてしまうのです。

専門的にいうと、韓国語は「絶対敬語」日本語は「相対敬語」といって、韓国語は、とにかく自分より目上の人のことを誰かに話すときは、敬語を使って話せばいいのですが、日本ではそういうわけにはいきません。例えば、会社内では社長に対して、もちろん敬語で話すのですが、取引先の人に対しては、社長のことを上げて話してはいけませんよね？「ただいま社長は、席を外しておられます」ではなく「席を外しております」です。このように、日本語の敬語は、時と場合によって使い分けなければいけないのです。これが韓国人には乗り越えるのが難しい壁。「私の父も昔、日本語を勉強しておられました」みたいな日本語、よく聞きます。「あんたのお父さん、そんな偉いん？」と思わず、突っ込みたくなる。やっぱり、日本人が聞くと、な〜んか違和感を感じるのです。先日、生徒に「お昼ごはんは、もう食べましたか？」とメッセージを送ると、「はい。僕は、ごはんを召し上がりました」と返事が返ってきて、外国人だから間違うことは当たり前！　と思いながらも、なんでしょう？　この苛立ち。何年、日本語習ってんねや？

韓国のお父さんは、家族からこんなに持ち上げられて、大切な人として扱われているのに、日本のお父さんなんてかわいそうなもんです。韓国のお父さんと同じように汗水たらして家族のために働いているのに、子どもたちが思春期になれば、お父さんの洗濯物と一緒に洗濯してほしくない、だとか、こたつの中で足がぶつかると嫌だとか……。かわいそうなお父さん。お父さんは家の大黒柱。お父さんなしではみんな生きていけない、かけがえのない人なのですよ！

外国人に優しい国

私のいちばんのお気に入りは、なんといっても文化センター。韓国って、すっごく外国人に優しい国で、文化センターに行くと、外国人が無料で受けられるプログラムがたくさん準備されています。例えば、韓国語、ヨガ、パソコン、料理、バリスタの免許まで取れるのだとか。私が通っていた文化センターでは、最近、通訳の資格が取れるコースもできたようで、その上、

試験費用まで負担してくれるというから驚きです。
それに、赤ちゃん、子ども対象のプログラムも豊富。こんなのは思いっきり利用しないと損！　文化センターには、トウミアジュマ（お手伝いのおばさん）と呼ばれる赤ちゃんの世話をしてくれるおばさんがいて、お母さんが授業を受けている二、三時間、赤ちゃんの世話をしてくれます。安全に遊べるように床にはマットが敷いてあって、その上には滑り台や積み木など、子どもが遊べるものが盛りだくさん。その上、グズったとき用のベビーカーまで準備されてあって、何から何まで至れり尽くせり。これで私も坊ちゃんを預け、久々に韓国語の勉強ができる！　と舞い上がっていたら、坊ちゃんは号泣で全然ダメ。ほかの赤ちゃんは、おばさんの隣で機嫌よく遊んでいるのに、なぜかうちの子だけお母さんから離れられない……。喜ぶべきなのか、悲しむべきなのか？　なんとも複

雑な気持ち。おばさんに抱かれると、それはそれは激しく泣きます。そのうち悪口言われるやろな~と思っていたら案の定、「ホントにおじさんみたいな顔して、憎い子！」と言われてしまいました。なんやて？　お、おじさんみたいな顔？　まぁ半分は認めますけど、それ、私の前で言っちゃいますか？　それでも、私には世界でいちばんかわいい王子様。本当なら「それは、ちょっと失礼じゃないですか？」と文句のひとつでも言いたいところなんですが、無料で授業を受けさせてもらって、子どもの世話までしてもらっている身なので、あれこれ言うこともできず……。

さて、おばさんの話はこの辺までにしておいて……。文化センターがすごいのは、これだけに終わりません。お話ししたと思いますが、韓国では子どもが一歳になると、돌잔지（トルジャンチ　満1歳の誕生を祝う会）という盛大なパーティーを行います。でも、外国から来た人たちは、お金がなかったり、盛大にパーティーを催したくても、いろんな理由でできない家庭もあるということで、文化センターで一歳になる赤ちゃんを集め、トルジャンチをしてくれます。日本人、中国人、モンゴル人、ベトナム人など、いろんな国の人が集まってきます。

パーティーでも至れり尽くせり。パーティー会場に着くと、お母さんと子どもにチマチョゴリを着せてくれ、いよいよパーティーの始まり始まり。とにかく豪華で盛大なパーティーです。のり巻きやお菓子、餅など、おいしいものもいっぱい。子どもだけじゃなく、お母さんも楽しめるのが何よりの魅力です。こんなに楽しませてもらって、もう大満足なのに、帰るときには手土産まで持たせてくれるんです。お母さんと子どもツーショットの大きな額入り写真。大量のお餅やお菓子。それから何よりうれしかったのは、高級感あふれる子どものチマチョゴリをいただいたことです。こんなにたくさんもらってもいいんかな？　チマチョゴリは保育園でも使うし、それ以外でも使う機会がたくさんあるので、とても助かっています。それにしても、韓国の文化センターはスゴイ！　文化センターさまさまさま！　です。

やっぱりあなたも韓国人

私がいちばん楽しみにしているのは、一年に二回、日本に帰ること。それから、日本の友達が韓国に遊びにきてくれることです。それと、もう一つの楽しみは、おみやげ。ひひひ。

韓国にないものって、意外とたくさんあるんです。例えば、私が大好きな焼きそば（釜山の国際市場というところに行けば一応あるんですが、一パック五百円くらいするので、なかなか手が届きません。「焼そば学校」という焼きそば。日本で見たことないな〜）、梅干し、納豆、マヨネーズ、醤油（日本のものと味が違います）、お茶漬け。あとはお菓子系。日本のお菓子やスイーツは、韓国人女子にも大人気。最近は「コロロ」というグミが大人気。まるで果物を食べているよう！　と評判です。

先日も日本から大親友が遊びにきてくれました。彼女は韓国が大好きな未婚女性、三十九歳。誰でもいいから早くいい人を見つけてほしいと、お節介な私は以前、彼女に韓国人男性を紹介したことがありました。今回、その彼が釜山まで彼女を迎えにいってくれたのです。私はあとで合流。待ち合わせの場所に行くと、なぜか男三人。その彼が友達二人を連れてきていたのですが、そのうちの一人が韓国の有名なアイドルグループ、2PMのニックンにそっくり（以下、ニックンと呼ばせていただきます）。キャ♡　私のどストライク！　クリクリの大きい目がたまらなく魅力的なのです。でも、クリクリ二重の男子じゃ韓国人女子にはモテません。韓国女子は、たいてい一重のキリッとした男子がお好みで、「かわいい系」「草食系」はウケないようです。日本人女子に大人気のチャン・グンソク。私も、最初テレビで見たときは、「うわぁああ！　めっちゃ男前〜」と衝撃を受けたのですが、韓国人女子は「あんな女みたいな男は嫌！」と、誰に聞いても同じ答え。やっぱり、ああいう中性系はダメなんですね……。それから、アクセサリーをジャラジャラ付けた、いかにも女遊びしてますよ〜みたいな日本でいう所謂「チャラ男」と呼ばれるような男もNG。ナチュラルが韓国女子にモテる秘訣です。

でも、私のどストライクのニックンは十歳も年下。そんな男に手を出しちゃ私は犯罪者になってしまうじゃないか。おっと！　ちょいと待てよ、その前に私は墓場まで一緒にゆこうと約束した愛する男がいたんだった。でも、たまには現実離れしてドキドキを味わうのが若さを保つ秘訣。彼は超イケメンの上、愛想もバッグン。釜山とか蔚山とか韓国の南のほうの地域の人は愛想がない人が多いのに、なんでこの人はこんな愛想がいいんやろう？　生まれ持ったもんやろうか？　と思いながら、出身地を尋ねてみると、ソウルの人でした。やっぱり、そうやったんか。

　うーーん……でも、実際は「愛想がいい」というより、「機関銃トーク」といったほうが正しいかもしれません。彼は、とてもおしゃべりな青年なのです。十歳も年上のおばさんと何をそんなに喋ることあるんや？　と思ってしまいますが、私たちにとっては、この上なくうれしいこと。おしゃべりなニックンのおかげで、楽しい時間はあっという間に過ぎ去り、そろそろお別れの時間が近づいてきました。

私「今日は本当にありがとう。楽しかったです」

ニックン「もしよかったら、晩ごはんも一緒にどうですか？」

私「……あ、はい。もちろんです」

　ほかの二人は、仕事があるとさっさと帰ってしまったので、三人でディナー。そして、なぜか韓国でベトナム料理。

ニックン「明日、どこへ行く予定ですか？」

私「慶州に行こうかと思っているんですけど……」

ニックン「多分、慶州に二人で行くのは大変だと思うから、僕が案内しますよ」

マ、マジ？　彼女は私に会いにきてくれたのに、二人の時間が全くない……と思いながら、とっさに断る理由が思い浮かばない。私は、やっぱり瞬発力がないのか……。そっと彼女の顔色を窺いながら「お願いします……」。あ、言ってしまった。

次の朝、十時に彼女の泊まっているホテルのロビー前で待ち合わせしていたのですが、八時半くらいに「今、バスに乗りました。九時に着きます」と電話がかかってきました。ぇぇぇぇぇぇぇぇー。そんな一時間も約束の時間を勝手に早められても……。相手の都合は考えないのか？　普通、早く着きすぎたら、どこかで時間を潰して待つと思うのですが、彼にはそういう選択肢はなかったようです。やる気やなー。焦りに焦って準備をして、ダッシュで待ち合わせ場所に向かい、やっと着いた！　と思ったら、「カーン」。なんの音？　顔を上げると、ニックンが舌を鳴らしてウインク。アメリカ人かよー。思わず、苦笑い。これもイケメンであるからこそ、できる行動。ニックンは自分がイケメンであることを、よーく、ご存じなのでしょう。

慶州にある世界遺産の仏国寺を訪れたのですが、ニックンは、どうも歴史に詳しいよう。息継ぎしてる？　ってくらいの勢いで一生懸命に説明してくれたのですが、残念ながら私は歴史には全く興味なし。それに、そんな難しい韓国語はわからーん。日本語でもわからーん。挙句の果てに、締めくくりには「竹島は日本のものだと思いますか？　韓国のものだと思いますか？」と。出た！　出た！　この質問する人結構いるけど、君も同じか。

そんなこんなで二日目もあっという間に終わり、明日はもう彼女が日本に帰る日。彼女も楽しんでくれたようですが、私としては、ちょっと心残り……。二泊三日の韓国旅行はニックン一色に染められてしまいました。

うつ病治療薬は関西の笑い！

韓国に来てから仕事仕事の毎日で、ママ友の集まりなんかにもほぼ参加できない私は、時折、寂しい病を発症し、「私って本当の友達っているんかな？」と憂鬱になることもあります。週末はみんな家族との時間だし、旦那さまも家でゆっくりされる日だろうから、週末にお誘いするのはちょっと抵抗があるし……。たまにはガールズトークでもしたいのですが、なかなか、ゆっくりママ友に会う時間さえないのです。寂しくて、寂しくて、やけに落ち込む……。

もしかして私って、うつ病の一歩手前？　と思っていた矢先、まわりにいる人たちに「うつ病じゃない？」と言われ始め、日本に帰国した際、勇気を出して診療内科に行ってみると、やはり「うつ病」と診断されてしまいました。そうなんか……。「本当は一週間分の薬しか処方できないことになっていますが、海外にお住まいということなので、特別に一カ月分処方しておきます。ただし、この薬を使って自殺しようなんてことは、くれぐれも考えないように」と。ん？　じ、じさつ？　私は、そんなに重度のうつなのか？　今まで、ほぼ四十年の人生、一瞬たりとも自殺なんてことを考えたことはありません。それだけ恵まれた環境で育てられたことには感謝しなければいけません。でも、なんでもないことで落ち込んだり、腹が立って自分をうまくコントロールできなかったり……。

そんな私を誰よりも心配してくれるのは母。母には心配をかけたくないと思いつつ、気にかけてもらいたい。「お母さん、あのさ～私、うつ病なんやって。なんとなく、そうちゃうかな～って前々から思ってたんやけどな。例えばさ～おなかすいてスーパーに行ったのに何も食べたいもんが見つからんかったら、急に悲しくなってきて、涙が出てくるねん」。母、なぜか反応なし。ん？　隣に座っていた母をチラッと見ると、うつ向き、肩をピクピクさせながら震えています。「お母さん？　お母さん？　どうしたん……？」。真っ赤な顔を上げたと思ったら、大爆笑。「ごめん。水菜子、ホンマにごめん。笑うところちゃうっていうのはわかってるんやけど、めっちゃおもしろいねんもん。笑わせんといてよ！　だってさ～食べたいもんないんやったら、ほかのスーパー行ったらええだけの話やん。なんで、そこで泣くのよ～泣くとこちゃうやん。も～ホンマに笑わせんといて。ギャハハハハハハ、悪いけど、お母さん、うつ病になる人の気持ちがわからんわ。ギャハハハハハ」。心底、楽天家の母には理解できないことなのでしょう。

隣で会話を聞いていた父は「言葉も出ない」という表情で苦笑い。「お父さん、私の気持ちわかってくれるやんな？」。「うん、わかる」と親身になって話を聞いてくれる父。そんな中、母は「異議あり！」という表情で急に話に入り込んできて、「そんなもん、ぜ～んぜんわからんわ。もっと前向きに考えたらええねん。お母さんが医者やったら、患者さんにそう説明するわ！」と。全然、説明にもアドバイスにもなってないし。「前向きに考えられるんやったら、誰も苦労せんわ。それができへんから病気になってるんやんか！　そんな簡単に解決できる問題ちゃうねん！」と反発したい気持ちをそっと胸に、「そうやんな～なんでも前向きに考えられたらええんやけどな～」と返しておきました。また、母にヒートアップされたのでは、あとが面倒くさい。

楽天的でポジティブで、心が強い母。そんな母は七人兄弟の末っ子。両親も兄弟も皆、早くに亡くし、母自身も重病を患っています。不幸の繰り返し……私なら生きる希望を失くしてしまいそうです。それこそ自殺したいと思ってしまうかも？　それなのに、母は前向き。いつも前向き。どんな壁にぶつかっても前向き。「いつも前向きに生きる」、それが、母のモットーなのかもしれません。私は、そんな母の血を受け継いでいるはずなのに、なんでこんなに心がガラスのように脆いのか……。母のようにいられたら、もっと気楽に生きられたやろうな～それにしても、病気を打ち明けて、爆笑されたのは初めてです。娘が苦しんでいるというのに、親身になって心配するどころか、顔を真っ赤にして、息もできないくらいの勢いで笑い転げる母。悔しいけど、私もつられて爆笑してしまいました。今、思い出してもニヤニヤしてしまう……。いやぁ、おもしろかった……って、笑い話ちゃうねん！「ほら、あんたもお母さんと一緒にいたら、うつ病にならんで。笑うのがいちばん」。母が言いそうなこと。離婚して、奈良に帰ってこい！ってか？ それにしても、確かにラフ・セラピーという言葉もあるくらいで、心底笑ったらガンも消えるという話を本で読んだことがあります。やっぱり笑いがイチバン！ 関西に戻りたい！ 皆さんは、最近、心から笑っていますか？

人生は未知の旅

韓国からちょっとズレますが、こんな私を産んでくれた母について、ちょっとお話しさせてください。先ほども話しましたが、母は楽天的で、超プラス思考で感情のコントロールが上手な人なのです。私は日常生活の中でイライラせずにはいられないのに、今まで母がイライラしてるところを見たことがない。今まで、ずっと仕事をしてきたのに……仕事の問題、人間関係のゴタゴタ、母にもいろいろあったはず。例えば、誰かから無視される、嫌みを言われる、嫌がらせをされる。そんなことがあろうものなら、小心者の私は高熱を出して倒れてしまいそうなくらい考え込み、ズタズタに落ち込んでは、なんで？　なんであの人が私にそんな仕打ちを？　と、考えても永遠に答えが出ない自問自答が始まり……。でも、母からしたら、そんなことは悩みの種にさえならないのです。「しょーもな。ほっといたらええやん」でおわり！　本当にそう思ってるからスゴイ！　これほど、いじめ甲斐がない人もいないでしょう。お母さんのおなかから出てきたのに、ここまで違うか？　というくらい、母と私の性格は正反対（弟は母の遺伝子をばっちり受け継いでいます）。

そんな母の性格がうらやましいと思う反面、昔は悩みがあっても、なんとなく母に相談するのはな〜という気持ちがありました。だいたい母の言いそうなことは想像できるし、その答えは、私が求めているものと全く違うことも多いからです。こないだなんて「ほんまに子育てしんどい」と愚痴ると、「そんなんやったら、最初から産まんかったらよかったやん」と言われてしまい、「子どもを育てるってことはな……」と説教まで始まる。いつもこういうパターンなので相談しようか迷いつつ、母の顔を見ると黙っていられない私。「お母さん……。私、A子から嫌われてるかもしれん。何があったってわけじゃないねんけど、最近なんとなくぎくしゃくするっていうか、やりにくいんねん」。「そうなんや（一応、娘がかわいそう、という哀れな顔を見せる。でも、その表情はまたまた瞬く間に変わり……）。でもほら、十人人がいたら、十人みんながみんな水菜子のこと好きでいてくれるとは限らんやん？　人それぞれ性格は違うんやし、一人くらい水菜子と合わんって人がいても普通のことちゃう？　水菜子だっておるやろ？　あの子とは合わへん！　って子」。はい。ごもっともでございます。

そんな臆病で気弱な私が十九歳でアメリカ留学をし、人生で初めて金髪のアメリカ人のルームメートと一緒に共同生活を始めたときのこと。言葉も通じないし、まともに会話もできない。いつも不機嫌そうな顔をしていたルームメート、ブランディー。見るからに超わがままアメリカン・ガールという感じです。言葉も通じない相手に「好き」とか「嫌い」っていう感情は生まれるんかな？　と思うのですが、いつも彼女は私のことが嫌い！　という感情を露わにしてくるのです。

お母さんは相談相手にならん！　と思いつつ、結局、相談相手は母に納まる。慣れない国際電話をかけ、必死に助けを求めました。「お母さん……ルームメートになんかいつも嫌な目で見られるねん。何も悪いことしてへんと思うんやけど、なんか嫌な感じやわ。毎日やりにくいし……どうしたらいいんやろな～？」。母、一秒の間もなく、「水菜子がかわいいから嫉妬してるんやわ～その子」。ぎゃぁぁぁぁ。それ、どういう発想？　私を本当に励ましてくれようとしてるのか、ギャグのつもりなのか？　そのとき私は、その答えになんと反応していいかもわからず、思わずガチャンと電話を切ってしまったほどです。能天気というか、ポジティブすぎるというか……。

やっぱり我が子のことはかわいくてかわいくてしょうがないのか、何をしてもほめてくれる母（しかもデブ絶頂期のころ）。ちょっと洒落た新しい帽子を被ったら、「いやぁ～水菜子、帽子かぶったら女優さんみたいやわ～」。隣で会話を聞いていた弟、悲壮な顔をして、「おかん！　外で言わんといてや！」と真剣突っ込み。ほんま、ほんま！　外で言わんといてや。そう、私は松田家だけの女優で十分。

　そして、つい最近、日本に帰国したとき、またまた失敗して母に愚痴をこぼしてしまったのです。「やっぱり、文化が違う人と結婚するって大変やな～文化の壁にぶつかって、それがつらくて、もう日本に帰りたい、って言ってるママ友もいるわ。私もわかるな～その気持ち」と、しみじみ言うと、「外国人と結婚したんやから当たり前のことやん？　そういうこと、わかった上で結婚したんやろ？　何ゆってんの今さら。水菜子、甘いわ」と、また叱られ……。もちろん文化が違うのはわかってたけど、ここまで違うとは想像もできなかった、ただ、そう言いたかっただけやのに……。

　でも日本人と韓国人は、なぜか惹かれ合うようで、留学当時もまわりは日韓カップルであふれていました。アメリカにいるにもかかわらず、ボーイフレンドは韓国人。たいてい男が韓国人で、女が日本人です。日韓パーティーなんかもあって、友達がいつも誘ってくれたのですが、「私は行かない」と毎回断っているうちに、「ミナコは、韓国が嫌いなんだよ」とささやかれるようになり……。もちろん「嫌い」というわけではありません。何人かの韓国人にはものすごくお世話になったし、仲よくさせていただきました。でも、せっかくアメリカに英語を勉強しにきたのだから、できればアメリカ人と付き合いたいな、と思っていただけのことです。

アメリカで生活をしながら、アメリカの文化もアメリカ人も英語も大好きになった私。このままここで生活をしていたら、アメリカ人と結婚ということも自然な流れだと思っていました。結婚して、そのうちかわいいハーフの子どもが生まれ……そういう予定だったのですが、アメリカで韓国語に出合い、私の運命は変わってしまったのです。まさかアメリカでのキャリアを捨て、韓国に留学したいと思う気持ちになるとは、夢にも思っていなかったこと。韓国人と結婚するなんて、頭の片隅にもなかったこと。人生は何が起こるかわからない未知の旅。

「まさか、私が韓国に嫁にくるとは！」

おわりに

韓国に来て、早くも、もう五年。お隣の国とはいえ、やっぱり私にとっては異国。生活をしていく中で、毎日感じるカルチャーショック。私の中では、「あり得ん！」と思うことが日々起こります。「この気持ちを誰かに話したい！」、「このもどかしい気持ちを誰かに聞いてもらいたい」、「とにかく誰かに共感してもらいたい」と、日々そう思いながらも、毎日の生活に追われ、結局、自分の心の中にしまい込むしかありませんでした。韓国で生まれ育った主人に話したところで、わかってもらえるはずがありません。そこで私は、韓国での生活記録としてブログを書くことにしました。不思議なことに、ブログには普段言えなかった気持ちも素直に綴ることができました。うれしかったこと、感動したこと、腹が立ったこと、悔しかったこと、理解ができなかったこと。そして、時々主人の悪口（笑）。たくさんの方からコメントもいただきました。「ミナさんの気持ち、よくわかります」、そう言ってもらえることが何よりの癒しになっていました。私の気持ちを理解し、共感してくださり、感謝の気持ちとともに、誰かに共感してもらえるということに、深い安心感を覚えるようになりました。そして、そんな心優しい皆さんのおかげで私はブログを書くことがとても楽しくなっていったのです。最初は、自分の寂しい気持ちをわかってほしい！　ただ、そんな気持ちで書いていたのですが、書いているうちに、韓国に興味がある方が意外とたくさんいるということを知り、それからは、そんな方々に日韓の風習や文化の違いについて、もっと知ってほしいという気持ちで書くようになりました。これからも、もっともっと発信していきたい。それが私の使命のような気がしてならないのです。

私は、恐らく韓国と深い縁があり、韓国人と結婚し、韓国で暮らすようになりました。ここで生活をして感じたことは、韓国という国は噛めば噛むほど味が出てくる国だということです。特に私が住んでいる南の地域の人は、声も大きいし、なんでもかんでもはっきり言うし、結婚した当初は、その文化にどうしても慣れることができず、傷ついて涙したことも多々ありました。でも、ここで韓国人に囲まれて一緒に時間を過ごしているうちに、だんだんと韓国人の情の深さ、心のあたたかさがわかってきたような気がします。表現があまりにストレートなので、きっと相手に誤解を与えたり、けんかになることもあると思うけど、ある意味、いつでも自分を飾ることなく、ありのままで生きている韓国人がうらやましくもあります。正直、今でも理解できないことやストレートな表現に腹が立つときや、心折れるときもありますが、きっと時間が経てば、なんでもない些細なことになるんだろうな、と思えるまでになりました。そして、何十年後かには私もすっかり韓国のおばさんになっているかもしれません。

国が違えば、文化も違う。でも、どの国にもその国の素晴らしいところがあると思います。私のいちばんの願いは、日本人と韓国人が国境を越え、お互いの文化や風習を理解し、隣国同士として、仲良くしていくことです。たくさんの日本人と韓国人が交流を持ち、お互いの国を知る機会が増えてほしいと心から願っています。そんな願いもあり、私事ではありますが、韓国のウエディングフォトを日本人に紹介したり、日韓カップルを誕生させるためのお見合いサービスの仕事にもかかわらせていただいています。日韓カップルがますます増え、日韓、力を合わせてお互いが素晴らしい国に成長できますように……。

最後になりましたが、いつもブログを読んでくださっている皆様、この本を最後まで読んでくださった皆様、いつも応援してくれる家族や友達。心からお礼を申し上げます。

みんなみんな、ありがとう。カムサハムニダ。サランハムニダ。

心をこめて。

松田水菜子

本書を読んでくださった感想をぜひお聞かせください。
また、韓国での写真撮影や、韓国の男性とお付き合いしてみたい！と思われる方は、ぜひ私までお声がけください。
この本を通して、たくさん の方と素敵な縁で結ばれますように……

連絡先 :mina.tinkerdust1207@gmail.com

写真は日本から来てくださったお客様
上・小室壮太郎さん & 寿子さん
下・栗又拓也さん & 文乃さん

松田水菜子（まつだみなこ）

1978 年 奈良県生まれ。韓国人と結婚し、蔚山（ウルサン）広域市にて、韓国嫁として奮闘中。

大谷女子大学文学部英文学科在学中、交換留学生としてアメリカのアラバマ大学に留学。卒業後ニューヨークに渡り、インターンシップとして英語力を身につける。その後マンハッタンの語学学校に就職。1 年で営業トップになる。その後、韓国語を習い始めたことがきっかけで韓国に留学。2012 年、韓国人と結婚。現在は子育てをしながら韓国の企業で日本語を教えるほか、ウエディング写真の仕事に携わっている。

韓国嫁入《かんこくよめい》り日記《にっき》

2017年 12月5日　初版第 1 刷

著者　松田水菜子

発行人　松﨑義行

発行　ポエムピース

東京都杉並区高円寺南 4-26-5 YSビル3F
〒166-0003
TEL03-5913-9172　FAX03-5913-8011
装画　さとうえり
編集　福光啓子
デザイン　堀川さゆり
印刷・製本　株式会社上野印刷所

ISBN978-4-908827-31-0 C0095